# 我就喜欢这样的你

缓缓君 著

江苏凤凰文艺出版社
JIANGSU PHOENIX LITERATURE AND ART PUBLISHING, LTD

“双十一”的前一天，蘑菇小姐让我帮她清空淘宝的购物车。登录她的淘宝一看，哎哟，屏幕里密密麻麻的，于是我抱着极大的热忱帮她把购物车里的宝贝全删了。

可没想到，当我得意扬扬地把成果告诉她时，她竟差点没哭了：

“老娘让你清空购物车，是想让你把它们全买下来。你居然都给我删了？你是不是想当单身狗？你说啊！你说啊！”

“汪！”我在心里默默地叫了一声，可委屈了。

仙人掌小姐嫌弃大白菜先生品位差，大白菜先生以退为进：『对对对，据说一个男人品位的终极体现就是看他找了一个什么样的伴侣。我还真是没品位。』『这样看来你的品位还是很好的，主要是你这辈子所有的品位都用在了我身上了，怪不得对其他的一切都显得那么没品位呢。』她得意地说。

和蘑菇小姐一起去看《北京遇上西雅图之不二情书》，影片的最后，当焦娇遇见罗大牛时，蘑菇小姐哭得稀里哗啦。看她哭得那么投入，我"脑洞一开"，问她：

"你说，如果把罗大牛换成一个丑男，这会不会变成一个大家喜闻乐见的'网恋见光死'的故事？"

蘑菇小姐先是露出一个被雷劈的表情，可一瞬间之后，她很镇定自若地说了一句："那是不会的。如果把罗大牛换成一个丑男，那就成了你和我的励志故事。"

Cat

有一天和蘑菇小姐一起去买水果，她见了皇帝柑之后，激动地说这是她曾经的最爱。老板娘笑着介绍说：“皇帝柑也是武则天的最爱，由此得名。”

“多买点，吃了皇帝柑，就可以做皇帝了。”我开玩笑说。

“我要做皇帝的女人。”她歪着头，傻笑着看我。

“你的意思是，让我来做皇帝吗？”我心里一阵得意。

“你啊，做太监就可以了。”

“……”

有一次，他们提到我，金针菇妈妈不无惋惜地说："顾羊羊其实也挺不错的，可惜两人就是生肖不合。"

猴头菇爸爸悠悠地来了一句："牛和马有什么不合的，不都是牲口吗？"

金针菇妈妈无言以对。

3秒后，母女两个一起笑喷了。

蘑菇小姐怀着一颗减肥的心，偏偏又长着一张吃货的嘴，我常常诱惑她：

“你要不要吃蛋糕啊？”

“不要拿蛋糕来引诱我，没用的！”她表情坚定地说。

“榴梿千层，12寸的喔。”

“那我吃一下也是可以的……”

“你真是个没有尊严的吃货。”

“吃就是我最大的尊严。”

认识我之前，情人节的前一天。

金针菇妈妈："明天情人节了，有没有什么打算啊？"

蘑菇小姐："在家看电视。"

金针菇妈妈："都一把年纪了，情人节也没个花收，也没个人约，真是可怜。"

猴头菇爸爸："你都两个孩子的妈了，也没收过一束花，你更可怜。"

蘑菇小姐："老妈你看吧，我果然是随你的。"

金针菇妈妈："我没花收是因为你爸穷，你没花收是因为你太胖。"

圣诞节，蘑菇小姐拿出一盒巧克力在我面前晃了晃，说是送给我的圣诞礼物。我刚放进包里，她说：

“要不我先吃一块再给你？就一块……”

“好。”看她可怜巴巴的样子，又好气，又好笑。

果然只吃了一块。等我把她送到宿舍楼下时，她说：

“喏，巧克力都给你了。”

“嗯。”我又一次接过巧克力。

“你就这样拿走了啊？你为什么不说留给我吃啊？”她露出一种渴望的眼神，巴巴地望着我。

“……”

我一把把巧克力塞到她手里，她开心得眉飞色舞。

我是水瓶座，她是天秤座，追她的时候我曾对她说：

“我研究了一下星座，水瓶和天秤是绝配！”

“对对对，我的两个闺密都是水瓶座，我和水瓶特别适合做一辈子好——朋——友。”

偶尔，蘑菇小姐会和我讨论，我们未来的孩子叫什么名字。

最初她的设想是，男孩叫“顾念”，女孩叫“顾想”，还自我陶醉地感慨：

“‘顾’这个姓，取起名字来还真好听。”

某天，她在八卦新闻上看到，有一位小朋友的名字叫“谢祖隆恩”，顿时灵光一闪，对我说：“以后我们要是生个男孩，就叫‘顾全大局’吧，好不好？”

“好。”我总隐隐感觉这名字能赚到什么便宜。

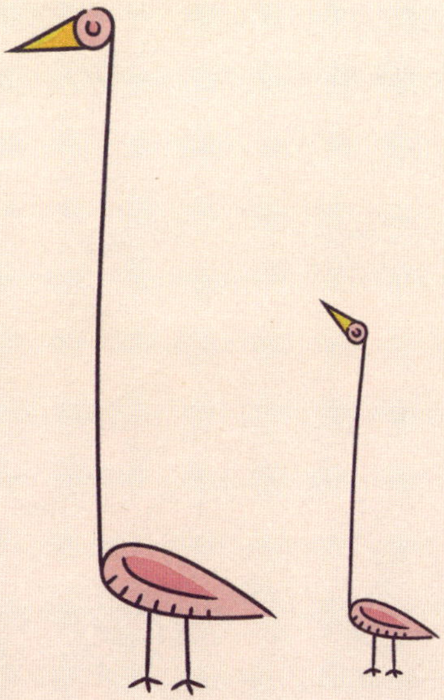

月色特别好，蘑菇小姐指着月亮对我说：

“你看今晚的月亮，就像咸鸭蛋的蛋黄。”

“这都能联想到一起，你简直是吃货中的传奇啊！”我对她佩服得五体投地。

“每一个爱吃的姑娘都是一个善良的姑娘，因为她每天只想着吃，就没有精力去想其他东西了。”她的大眼睛扑闪扑闪着。

我竟无言以对。

CONTENTS 目录

## 第四篇　女朋友那么作，到底要不要分手？

## 第五篇　总有一个窗口，可以看见希望

## 第六篇　放不下回忆，就像冬天离不开被子

## 第七篇　和过去握手言和

## 第八篇　爱情你给我，面包我自己买

## 第九篇　如何让男朋友放下初恋

## 第十篇　爱情是不是前人栽树，后人乘凉?

# 第一篇

## 男女朋友的正确打开方式

## 男朋友好不好，打开方式很重要

2012 年，一个乌云密布的日子，我和彩蛋君相遇于西子湖畔。我俩都是慢性子，又都是水瓶座，更重要的是，那年我俩都是单身。

彩蛋君神神秘秘地问我："你知不知道，为什么有的水瓶座的人找不到对象？"

"嗯？"

"因为自己有病，还嫌弃别人没病。"

从此我俩成了患难之交。

2014 年年末，我遇见了蘑菇小姐。第一次见面后，我对她说，"我要把你领走"，然后就真的把她领走了。而彼时，彩蛋君也有了女朋友——鱿鱼丝小姐。正巧她俩都是天秤座，于是我们建了一个 4 人聊天群——"天秤水瓶蛇精病"，从此开启了"蛇精病"的快乐生活。

## 1. 谁对自家“妹纸”更好

都说“妹纸”和“妹纸”在一起，喜欢比谁家的男人好，而彩蛋君这货偏偏要和我比谁对自家“妹纸”好。比如，他会在群里发一张自家的床照——床上衣服堆成山的那种，图片下面还要加上一句：“老娘”要开始收拾衣服了。不久之后，我也多了一项叠衣服的特技。

蘑菇小姐的衣柜永远是堆成一座小山，凹凸不平，波澜起伏。在我叠衣服的时候，她会一个劲儿地夸我：

“你还真是天赋异禀啊，衣服叠得太好了，比我叠得好多了。”

“哼，别以为我不知道你那点儿小心思，不就是想忽悠我给你叠一辈子衣服吗？”

当然，以上只是我的内心戏。事实是，我默默地、兢兢业业地把她的衣服一件一件叠好，放进柜子里。

蘑菇小姐夸我的时候，她的闺密喵大人正坐在边上拍手叫好，回家后如法炮制，对她老公大献殷勤。谁知她老公白了她一眼，不屑地说：

“你拍我马屁干吗？”

喵大人当场就“石化”了。所以说，找个有情商的男朋友很重要。

## 2. 你是不是想当单身狗？

还没来得及沾沾自喜，我的情商就被蘑菇小姐赤裸裸地鄙视了。

“双十一”的前一天，她给我打电话，当时我正兴致勃勃地、一条一条地删除购物车里的宝贝，总觉购物车里干干净净的，心情也会明朗起来。

听到蘑菇小姐让我帮她清空淘宝的购物车时，我自是欣然答应了。登录她的淘宝一看，哎哟，屏幕里密密麻麻的，于是我抱着极大的热忱帮她把购物车里的宝贝全删了，心情也更加明朗了。

可没想到，当我得意扬扬地把成果告诉她时，她差点就哭了：

“老娘让你清空购物车，是想让你把它们全买下来。你居然都给我删了？你是不是想当单身狗？你说啊！你说啊！”

“汪！”我在心里默默地叫了一声，可委屈了。

## 3. 工科男遇见文科女

我和蘑菇小姐属于完全不同的两种“款式”。我是慢性子，工科男，喜欢有规律的生活；而她是急性子，文科女，她的原则只有一个——看心情。

我不喜欢洗衣服，而她衣服洗得很勤快；她不喜欢洗杯子，但我觉得把杯子洗得干干净净，心情也会明朗起来。

我喜欢把物品放在固定位置，出示过的证件也一定及时放回原处；而她总把东西随手乱扔，常常丢三落四，一会儿找不到钱包，一会儿找不到钥匙，就差没把她自己弄丢了。

找不到东西的时候，她常常会自言自语：

“蘑菇啊蘑菇，你说你怎么这么蠢呢？”

“没关系，人没丢就好了。”我早已习惯。

她嘴一咧，嘿嘿嘿地傻笑。

“丢了也没关系，反正我也会把你捡回来的。”我又补了一句。

她傲娇地白了我一眼。

看着她蠢萌蠢萌的样子，我总忍不住伸出手去摸摸她的脑袋，她却抱怨说，我像是在摸她家的小狗。

有一次她和朋友去马来西亚玩，帮亲朋好友带了一大堆护肤、美容的瓶瓶罐罐，可因为玩得太累，她竟把购物袋落在了出租车上。

和我视频的时候，她的心情特别低落，我一个劲儿地和她说：“没事，没事，人没丢就好。”可不说还好，说着说着，她的眼泪就吧嗒吧嗒地掉了下来。

看着她可怜巴巴的样子，我给她发了一个大红包作为安慰。

“我都那么可怜了，你还用微信给我发红包，提现还要手续费，连你也欺负我。”她一边哭，一边冲我撒娇。

“那你把红包还给我好了，还能为你省下一笔手续费。”

“你怎么那么讨厌！”她破涕为笑。

## 4. “你啊，做太监就可以了”

有一天和蘑菇小姐一起去买水果，她见了皇帝柑之后，激动地说，这是她曾经的最爱。老板娘笑着介绍说：“皇帝柑也是武则天的最爱，由此得名。”

“多买点，吃了皇帝柑，就可以做皇帝了。”我开玩笑说。

“我要做皇帝的女人。”她歪着头，傻笑着看我。

“你的意思是，让我来做皇帝吗？”我心里一阵得意。

“你啊，做太监就可以了。”

…………

蘑菇小姐最爱的水果其实是榴梿，每次她“体感不适”，发脾气的时候，只要吃上榴梿，火气就消减大半了。

有一次我俩逛超市，她直奔榴梿而去，捧起一个，凑近去闻，果肉居然就这么掉进了框子里……当时我俩都震惊了！

“怎么办啊，顾羊羊？”她满脸不知所措。

“赶紧走。”我镇定自若地回了一句，拉着她的手，大步流星地往前走。

“这样不好吧？”她脸上的表情，一半内疚，一半惊喜。

据说一起做“坏事”能够增进感情，这是我俩一起做的第一件坏事。

## 5. “顾全大局”和“顾此失彼”

偶尔，蘑菇小姐会和我讨论，我们未来的孩子叫什么名字。最初她的设想是，男孩叫“顾念”，女孩叫“顾想”，还自我陶醉地感慨：“‘顾’这个姓，取起名字来还真好听。”

某天，她在八卦新闻上看到，有一位小朋友的名字叫“谢祖隆恩”，顿时灵光一闪，对我说：“以后我们要是生个男孩，就叫‘顾全大局’吧，好不好？”

“好。”我总隐隐感觉这名字能赚到什么便宜。

自从我创立了公众号“缓缓说”，写了一些故事，后来就收到一位女性朋友邀约，说要给我讲故事。

去之前，我提心吊胆地请示了蘑菇小姐。

她满脸不屑地说：“那你去好了。”

我心中的大石头总算是稳稳地落下了。

3 秒后，她突然转过头来问我：“你们去哪里讲故事？”

“漫咖啡。”

她嘴一噘，气鼓鼓地瞪着我说：“以后我们的孩子不要叫‘顾全大局’了，就叫‘顾此失彼’！不对，谁要和你生孩子？你已经顾此失彼了！”

之后我连哄带亲，也记不清是怎么回事了，最终我们终于达成了一个奇怪的共识：以后生男孩的话，还是叫“顾全大局”；生女孩的话，就叫“顾此失彼”。

我总觉得有点儿对不起我未来的女儿。

## 6. 同学会

不久前，高中同桌毛毛从美国回来，办了一场小型同学聚会，我带上了蘑菇小姐同去。

才刚坐下，她就东张西望，然后大大咧咧地说：

“你同学的颜值都好高哦！你简直拉低了你们班的颜值下限。唉——”说完，她还长叹一声。

“那又怎么样？你还不是跟了我。”我白了她一眼。

“谁跟谁还不一定呢！”

“颜值无所谓，对你好就行了。”某同学插上一嘴。

哎哟，真是猪一样的队友，说得好像我的颜值真的很低一样。

“颜值低也有颜值低的好处，鸡立鹤群一样很显眼。”我破罐子破摔，大家竟无力反驳。

由于大多数同学都已有了娃，话题免不了又进入到生娃、带娃这个话题。不知是谁提出了“母亲智商高容易生儿子”的说法，大家意味深长地把目光聚焦到我俩身上。

“我还要再考察考察。”蘑菇小姐一如既往地傲娇。

大家七嘴八舌地聊着，突然有同学说：“你写的‘缓缓说’每一期我都看了，我发现你把你的前任写得好好啊！”

我又一次被一道道意外深长的目光所聚焦。

此前蘑菇小姐一直怨我把她写得那么作，把前任写得那么好，这一说倒是正中下怀，她声情并茂地吐槽了我的种种不是，吧啦吧啦，一直从前任说到和女性朋友喝咖啡这个话题。

她曾是学校辩论队的队长，伶牙俐齿，表情丰富，特有感染力，我则默默地在一旁端茶倒水。待她说完，大家一致得出结论：就智商来看，我俩将来生的一定是儿子。

回去的路上，她幽幽地说：

“别人看到的都是你在让着我，但他们哪里知道，我们两个人中，其实是你比较强势。”

我伸出右手，轻轻用力，握住了她的左手。

## 7. 两个人在一起，正确的打开方式很重要

都说在恋爱中，女人的感情是做加法，男人的感情是做减法，我觉得并非如此。两个人在一起，相互之间的“打开方式”对不对，才是影响感情的真正原因。

在我的前任中，有一位姑娘曾和我说，如果你不能怎样怎样，我们就不能在一起，我不喜欢这种被胁迫的感觉。而蘑菇小姐和我说的却是：“不要想太多，你按自己的心意去做就好。”这让我很感激她，反而会为此加倍努力。

前一段时间非常忙，刚出差回来，蘑菇小姐的妈妈又住院了，跑医院，加班，写故事，各种事情交织在一起，我总是深夜一两点睡，早上 7 点又得起。

送她回家的路上，她见我疲惫不堪的模样，担忧地说：

“等会儿你回去的时候小心点儿。”

“放心吧，你男人可棒了！”

“顾羊羊！”

“嗯？”

“顾羊羊！”

“嗯？”

“顾羊羊！”

“嗯？”

“我就是想叫叫你的名字。”

因为在开车，一直看着前方，等红灯时我转过头去看她的时候，发现她望着我的眼神，就像是紫霞仙子望着至尊宝。

# 女朋友好不好，打开方式更重要

## 1. 老娘这么温婉动人，保证不打死你

第一次见到蘑菇小姐时，我被她蠢萌蠢萌的笑容迷惑了。

被迷惑的不仅仅是我，还有萍水相逢的路人甲、乙、丙、丁。在公交车上，常常有叔叔阿姨、爷爷奶奶在下车的时候把她拉过去，然后把位置让给她。

为此，她得意扬扬地和我说：“你说我是不是长得很像弱势群体？”

当然，她有时候也会原形毕露。

有一次，一位朋友搭我们的车，正巧她在车上大大咧咧地痛斥我。突然想到后座有人，于是她回过头去，说了一句：“其实我是一个特别文静的姑娘，只不过我今天来‘大姨妈’了……”

我白了她一眼，她瞪了我一眼。

记得追她的时候，她曾说，身高一米八以上的男生都叫她“哥”，这话一开始我是不信的。

直到有一次，我订了她最爱的榴梿千层蛋糕，她眼睛直勾勾地盯着蛋糕，嘴上却说：“不能吃，不能吃，吃了会长胖的！”

“吃吃吃，多吃点儿，吃饱了就从蘑菇长成香菇了。”

“为什么不是金针菇？”

“你都这把年纪了，要长也只能横向长。”

“你给我过来！老娘这么温婉动人，保证不打死你！”

…………

## 2. 好想变成一只土拨鼠

蘑菇小姐是一名人民教师，但就像大多数女生一样，她也会有各种各样不切实际却很可爱的想法。

有一天晚上，她给我打电话说：“你知不知道，今天我们学校停电了。校门口施工，把电缆挖断了，OA 系统登不进去，我们就可以偷懒啦。”

我是学电气工程专业的，就趁机向她普及应急抢修的重要性和保护电缆的方法。等我吧啦吧啦地说了一通，她却来了一句：

“我好想变成一只土拨鼠，去把电缆咬断。”

“……”

这是不是就是工科男和文科女的思维差异？

## 3. 和辩论队队长谈恋爱

过去常常会有女生被我说得无言以对，直到我遇到了蘑菇小姐，才终于明白了那句话——出来混，总是要还的。作为曾经的辩论队队长，她常常向我演示“一句话噎死人系列”教科书，让我无言以对。

我是水瓶座，她是天秤座，追她的时候我曾对她说：

“我研究了一下星座，水瓶和天秤是绝配！”

“对对对，我的两个闺密都是水瓶座，我和水瓶特别适合做一辈子好——朋——友。”

…………

累的时候，我会把脑袋靠在车窗上。而她总是说，“你现在的样子好像霍金喔”，然后嘿嘿嘿地傻笑。

…………

随着我微信公众号上的粉丝越来越多，加我微信的小姑娘也越来越多。我曾问她：

“你会不会有危机感啊？”

“我对自己的男人还是很有信心的。”

看她一副理所当然的样子，我心里正得意呢，没想到她还有后半句：

“反正你长成这样，我还有啥好担心的！”

…………

和蘑菇小姐一起去看《北京遇上西雅图之不二情书》，影片的最后，当焦娇遇见罗大牛时，蘑菇小姐哭得稀里哗啦。看她哭得那么投入，我“脑洞一开”，问她：

“你说，如果把罗大牛换成一个丑男，这会不会变成大家喜闻乐见的‘网恋见光死’的故事。”

蘑菇小姐露出一个被雷劈的表情，可一瞬间之后，她很镇定自若地说了一句：“那是不会的。如果把罗大牛换成一个丑男，那就成了你和我的励志故事。”

完全出乎意料地被她黑了一把，好在我已渐渐适应，停顿了半秒后，对她说：

“所以你的意思是，我们俩是注定要在一起啊！”

说完我得意地看着她，她傲娇地白了我一眼。

偶尔，我也会有咸鱼翻身的机会。阴雨连绵的日子，她抱怨说：

“下了这么多天雨，我觉得我都要发霉啦。”

“蘑菇本来就是真菌，发霉了好，说不定还能长身体。”

“讨厌！”

杭州的冬天湿冷湿冷的，蘑菇小姐和我抱怨说，穿得太少了，已冻成狗。正好那天她有晚自习，九点才下班，怕她冻着，我赶紧说：

“等会儿我去接你下班。”

“不要来！”

而我还是去了。

一上车，她就哆嗦着说：

“太冷了！我已经冻成‘傻×’了。”

“不冷的时候你也是。”

“滚！”她嘴里骂着我，脸上却乐开了花。

很多时候，女生嘴上说着不要你来接，其实是怕你太累，你若是真去了，她心里可乐了。

## 4. 滴什么滴？

我和蘑菇小姐常常为了一些小事儿斗嘴，吵着，闹着，她就会问我：“你是不是想做单身狗？”然后我就像阿Q一样在心里默念一声“汪”。

前一阵子，她工作压力特别大，竟学会了一句口头禅——“日了狗了”，短短1小时内，就能说上十遍八遍的。

在十字路口等红灯时，我们又为了鸡毛蒜皮的小事儿斗嘴，她再一次厉声问道：

“你是不是想做单身狗？”

“汪！”

“你还敢汪？你是不是真的想做单身狗？你说啊！你说啊！”她杀气腾腾地瞪着我。

“你刚才不是说要‘日狗’嘛，快来快来！”

“想得美！”杀气瞬间变成了傲娇。

“为了‘顾全大局’啊。”——“顾全大局”是我俩未出生的儿子。

她嘴一咧，嘿嘿嘿地傻笑。

突然很想亲她，于是我当机立断，松开安全带，按住她的脑袋，势不可当地亲了过去，整个过程一气呵成。

正意犹未尽，就听到后面的车子滴滴滴地叫个不停。

“绿灯了，赶紧走！你个神经病，还能不能好好开车？”

当我系上安全带，重新挂挡的时候，只听她在边上嘀嘀咕咕：“滴什么滴？日了狗了！”

## 5. 谁的孩子

我和蘑菇小姐常常一起犯二，随时随地就开始演戏。

电梯里，她摸了摸我的肚子：

“咦——你也有小肚子哎。”她嘲笑我。

“嗯，有了，3 个月。”我一脸认真模样。

“谁的？”

“你的，你要对我负责。”

她嘿嘿嘿地傻笑。

“看你这肚子，比我的还大，是有几个月了？”

“嗯……”她头一歪，思考了 3 秒后，说：“5 个月！”

“谁的？”

“大姨妈的。”

“……”

我昏，这剧不是这么演的！

## 6. 谁是残障人士

偶尔，我和蘑菇小姐也会一起做“坏事”。

有一次，我俩去宜家家居买床垫，到了停车场，她指着墙上的大字说：

“你看，那里有残障人士专用车位哎。”

我二话不说就停了进去。

“要是被抓到了怎么办？会不会被剁手啊？”她摆出一脸既惊喜又害怕的表情。

“我们本来就是残障人士嘛。”我理所当然地回答。

“哪里残？”她的大眼睛扑闪扑闪的。

“脑残。”我淡定地回了一句。

…………

## 7. 我感觉你变了

女生总是会敏感，大大咧咧的蘑菇小姐也不例外。

我俩经常有这样的对话：

“我爱你。”

“我要放个屁。”

又或者是：

“我爱你。”

“神经病。”

每次说完之后，她又会补上一句：

“你说你怎么找了一个这么不解风情的女朋友啊！”然后嘿嘿嘿地傻笑。

有一阵子，她总是神神秘秘地说：

“我感觉你变了。”

“哪变了？”我一脸茫然。

“我也不知道，就感觉你变了。”

“……”

直到她恍然大悟地说：

“我知道你哪里变了！”

“嗯？”

她羞涩地转过脸去：“你好久不发神经了……”

“之前是谁嫌弃我发神经的？”我嘲笑她，心里却乐开了花。

“都怪你，我已经习惯了看你发神经……”她更羞涩了。

“我爱你！”

“嗯！”

这一次，她没再说我神经病。

## 8. 你手机借我玩一下

蘑菇小姐曾说，她从不查看男朋友的手机，我一度信以为真，后来才知道，当她想查男朋友手机的时候，她会和我说：“你手机借我玩一下。”

有一次，在我开车时，她一边玩我的手机，一边嘀咕着：“我把我们的合照传给你。”看她笑得心虚，我就隐隐察觉到了她的意图。果然，她拿着我的手机发了我俩的合照，还配了三个字——萌萌哒。

“10分钟后就删，看看谁那么有缘会看到。”她的语气就像偷吃了糖果却被逮个正着的孩子。

“有什么好删的，你那点儿心思我还不知道吗？”我一脸淡定。

有时候女生会有一些小心思，是因为需要安全感。尤其是从我开始写“缓缓说”之后，加我好友咨询问题的女粉丝越来越多，所以我会公开晒她的照片，她也会因此而安心。

安全感，就是在日常生活的点点滴滴中积累起来的。

## 9. 有你在，我为什么要认路

蘑菇小姐很喜欢看《奇葩说》，尤其喜欢马薇薇。有一天，我对她说：

“我觉得你和马薇薇很像。一个女生，外表看上去有多强势，内心就有多柔弱。但我一直相信，真正的强大应该是一种柔软的状态，因为无所畏惧，所以不需要浑身带刺来保护自己。”

“嗯。”她很肯定地点点头。

不熟悉的人会说蘑菇小姐高冷，熟一点的人知道她是“小逗比”，再熟一点的人会喊她“哥”，而她弟弟说她就是家里的“武则天”。每个人都会有很多面，你能看到哪一面，取决于两个人之间的心理距离。所以，我看到的蘑菇小姐，是个内心很柔软的姑娘：

看电影哭了会要我哄；

被人虐了会在我面前吧嗒吧嗒地掉眼泪；

吵完架了会抱着我一抽一抽地哭成一个“傻×”。

在我面前，她可以褪去铠甲，露出软肋。

懂得和陪伴，让她能安心地做自己。在我看来，这就是女朋友正确的打开方式。

想起之前，我嘲笑她总是不认得路，她却理直气壮地和我说：

“有你在，我为什么要认路？”

是啊，有我在，她为什么要认路？

## 每一个爱吃的姑娘，都是善良的姑娘

### 1. 吃就是我最大的尊严

当年追蘑菇小姐的时候，她曾让我猜她的体重，出于礼貌，我回复：

“99？”

“Bingo!”

“你看，我俩真是心有灵犀。”

“屁！”

我以为是她傲娇，后来才知道，自从她体重达到99斤之后，就再也没敢去称了，为此，我常常嘲笑她是自欺欺人。

蘑菇小姐常常和我嚷嚷着要减肥，最初，我会和她说：

“胖一点儿，瘦一点儿，又有什么关系？健康就好了。”

“我不！”

几次之后，我干脆说：

“你有胖的基因，就算现在不胖，等将来生了孩子一样是会胖的，还不如从现在开始就好好善待自己。”

“那到时候怎么办？”她一脸考验我的表情。

“有什么关系？反正看习惯了都一样。”

“哼！”

我一脸淡定，她满脸傲娇，藏不住微微扬起的嘴角。

蘑菇小姐怀着一颗减肥的心，偏偏又长着一张吃货的嘴，我常常诱惑她：

“你要不要吃蛋糕啊？”

“不要拿蛋糕来引诱我，没用的！”她表情坚定地说。

“榴梿千层，12 寸的喔。”

“那我吃一下也是可以的……”

“你真是个没有尊严的吃货。”

“吃就是我最大的尊严。”

## 2. 吃货的原则就这么简单

我和蘑菇小姐的对话常常是这样的：

“我和你说个很重要的事喔。”

“嗯？”我全神贯注。

“那边好像有卖糖炒栗子的哎！”她突然兴奋不已。

“你要说的就是这个？”我一脸懵 X。

“啊？我要说什么来着？我忘了。”

…………

有一次，蘑菇小姐的表姐夫问她：

“今晚回不回家吃饭？”

“太累了，不回。”

“我刚买了大闸蟹，准备做大餐。”

“回回回，现在就回！”

“真的假的？”

“真的！”

“靠，真没原则！”

“哈哈哈，吃货的原则就是这么简单。”

## 3. 为什么不留给我吃

圣诞节，蘑菇小姐拿出一盒巧克力在我面前晃了晃，说是送给我的圣诞礼物。我刚放进包里，她却说：

“要不我先吃一块再给你？就一块……”

“好。”看她可怜巴巴的样子，又好气，又好笑。

果然只吃了一块。等我把她送到宿舍楼下时，她说：

“喏，巧克力都给你了。”

“嗯。”我又一次接过巧克力。

“你就这样拿走了啊？你为什么不说留给我吃啊？”她露出一种渴望的眼神，巴巴地望着我。

…………

我一把把巧克力塞到她手里，她开心得眉飞色舞。

## 4. 和天秤座的吃货谈恋爱

蘑菇小姐是一个典型的天秤座姑娘——选择综合征重度患者，总是这个也想吃，那个也想吃。可她偏偏又是一个勤俭节约的好姑娘（这句是她要求加的），所以我们点菜时，常常是这样的：

“我想吃意面，你想吃什么？”她问。

“那我吃海鲜饭。”

“哎呀，你不要吃海鲜饭，你还是吃比萨吧。”

“你这哪里是在问我，分明就是自问自答……”

于是我便点了比萨。

久而久之，我们便形成了一套分工——她负责尝鲜，我负责扫盘。

“简直完美。”她得意地说。

曾经的我不吃辣，不吃泰国菜，不吃韩料，不吃日料，不吃榴梿，不吃零食，很多很多都不吃。尤其是乌冬面，完全想不明白为什么会有很多人爱吃这个，在我看来还不如一碗酱油拌面呢。

而她常常会说：“你竟然不吃辣？那你的人生少了多少乐趣啊！”“你不吃榴梿？榴梿是我最喜欢的水果了。哎呀，口味不合，我们不能在一起了。”

常在河边走，哪能不湿鞋。因为常常陪她去吃她爱吃的，渐渐地，不仅变得无辣不欢，还喜欢上了咖喱，喜欢上了寿司，喜欢上了泡菜，还尤其爱吃榴梿。

我俩吃榴梿基本靠抢，这点让她很不满意。她常常会趁我开车的时候把榴梿都吃完，还恬不知耻地对我说：

“你不是不喜欢吃榴梿吗？知道你不喜欢，我就都吃掉了啊。”

“对对对，我最不喜欢吃榴梿了。”我这心里可委屈了。

## 5. 方向感好不好，全看重要不重要

蘑菇小姐是一个很没有方向感的人，一个地方去了十遍八遍了，可能还是记不住。在学校教书快一个学期了，还常常找不到路。逛商场时，去趟厕所出来，常常找不到“大部队”。进店再出店，一共就两个方向，她却总是选中那个错误的选项。

更要命的是，蘑菇小姐不仅分不清东南西北，甚至连左右也要思考一会儿才能反应过来。有时，我们开车去一个她熟悉的地方，作为一名“敬业”的副驾驶，她总是自告奋勇地要为我导航。而她指路的方式是这样的：

“你开慢点，我一定得到了那个地方才认得出来。对对对，就是这儿，往这边（手指某个方向）……”

每一次我都很无奈，因为她总是这边那边，这里那里，而没有一个明确的方位。而她指路的结果常常是，过了那个路口才告诉我“哎呀，要往那里拐”，然后我们不得不找个路口调头，再兜回来。只是，久而久之，我也就习惯了。

有时和朋友打电话，对方告诉我们要怎么过去，我总是不得不主动接过电话，因为她会和我说：“跟我说也说不清，说清了我也听不懂，听懂了我也记不住。”可是那些好吃的店怎么走，她一次

就能记住，无论多偏僻。

我们的对话常常是这样的：

“我们吃 x x x 好不好？”她问。

“好啊，我去看看那边的指示牌，那个在几层来着？”我总是习惯通过标识、标牌来找路。

“负二层啊，往这边，我带你去。”她满脸自信。

原本我是带着看好戏的心情跟着她去的，结果她还真是一次就走对了。

“我厉害吧，这么偏僻的地方我都能一次就记住。”她得意扬扬地说。

“对对对，你最厉害，只有吃的地方你记得住。”

“哼！”然后她就不理我了。

## 6. 吃货其实很好哄

吵架了，她生气的时候，我常常会提议说：

“我带你去吃 x x x 。”

“啊？好啊。”她的眼神里突然就有了光彩。

吃着吃着，她恍然大悟，说：

“我还没原谅你呢。”

说完后又开始嘿嘿嘿地傻笑。

前几天陪她去买手机壳，我们约了下班后在湖滨银泰见面。挂掉电话前，她撂下一句：“你自己搜一下好吃的。”结果我因为下午太忙，把这事给忘了。不过幸好我到得早，赶紧上大众点评网，找了 4 个备选方案。

那天下大雨，她又被人撞倒，摔了一跤，脾气特别躁。一上车，她就气鼓鼓地问我晚饭吃什么。我把 4 个备选方案拿给她看，居然全被她否决了。眼看她就要“炸”了，我急中生智，指着右前方的一家烤鱼店说：

“前面那家烤鱼可好吃了，我们还是去吃烤鱼吧。”

“真的假的？你有没有去吃过啊？”

“当然了。”我演得可真了。

进店后才发现，店员比客人多，我的心凉了一大截，而她则用将信将疑的眼神打量着我。

幸运的是，烤鱼一上桌，竟意外地好吃。她眉飞色舞地说着“好吃好吃好吃”，心情一下就好了。

## 7. 爱吃的姑娘都善良

月色特别好，蘑菇小姐指着月亮对我说：

“你看今晚的月亮，就像咸鸭蛋的蛋黄。”

“这都能联想到一起，你简直是吃货中的传奇啊！”我对她佩服得五体投地。

“每个爱吃的姑娘都是善良的姑娘，因为她每天只想着吃，就没有精力去想其他东西了。”她的大眼睛扑闪扑闪的。

我竟无言以对。

紧接着话锋一转，她就开始斥责我：

“你快去学做菜啊！要想抓住一个吃货的心，就要先抓住她的

胃。要是你学不会做菜，那我就不嫁了。”

“可是我现在忙着写‘缓缓说’啊，青春那么短暂，把我们的故事记录下来更重要。”我又拿微信公众号当挡箭牌。

“那我不管，你学不会我就不嫁。”

“做菜还不简单，不就和做化学实验是一回事儿嘛。”我理所当然地回答。

可是前不久，我和蘑菇小姐一起到彩蛋君家里做饭，我自信满满地准备大展厨艺，结果第一根萝卜还没切完，就不幸切到了手指，从此就一直被他们嘲笑……

哎，不说了，不说了，缓缓君要去学做菜了。

## 路还很远，我想试一下永远

我和蘑菇小姐总是“相爱相杀”，却也其乐融融。有一次我故意激她：

“在我交往过的女朋友中，你既不是最聪明的，也不是最漂亮的，更不是教育背景最好的。”

她的眼睛瞪得就像蓄势待发的子弹，就差扫我一脸了。

“但你是我最喜欢的那一个。”

“哼！你这个算是什么转折？”

“因为你最豁达、最直率，而且——内心很纯粹。”

“我可小气了。”

“你从来不记仇。”

“我脾气可暴了。”

“来得快，去得也快。”

蘑菇小姐的脾气确实是暴了点，偏偏又长着一条“小毒舌”，当年我追她的时候，还真就被她活生生地气跑了。还好她贤良淑德，一回头又把我追了回来。

好不容易走到一起，就在我们确定关系的第二天，我问她：

“我们就这么一直走下去，好不好？”

她微笑着，摇了摇头：“一辈子太长，我也不知道以后会发生什么，我能说的只是——我现在很喜欢你。”

她顿了顿又说：“以前每次谈恋爱，都会想着一定要奔着结婚去，于是就会提很多要求，给彼此很多负担。但现在，我更想过好当下，说不定走着走着，就一直走下去了呢。”

### 1.前任来访

和蘑菇小姐谈恋爱的第3天，前任约我见面。我把情况一五一十地告诉了蘑菇小姐，她一脸豁出去的表情对我说：

“你一定要去，我不希望你的心里有一丁点犹豫。”

“好，那我去了。”

“早去早回，我在这里等你回来。”语气里略略带着一点怂。

“你放心。”

我和平地解决了前任的事，表明了态度，不想给她留有任何念想。

藕断丝连，不过是彼此都乐意给对方留个念想，给自己留条后路。但有人说，恋爱就像是去海边捡贝壳，大家都会去捡自己最喜欢的那一块，而你一旦挑中了，就该记住，这是你唯一的贝壳，并且，从此不要再到海边去。

很少有女生能够像蘑菇小姐一样，鼓励自己的男朋友去见前任，她的豁达和信任让我深受感动。

## 2. 原形毕露

两个人在一起久了，就会看到对方最邋遢的那一面。

蘑菇小姐有一个很独特的习惯，一上车就要脱鞋，然后把整个人缩成一个球，她觉得这样没有束缚，很舒服。

夏天，我嫌弃她用臭脚丫子污染我的车，她倒是来劲了，为了报复我，竟以屁股为圆心，以小短腿为半径，把能踩到的地方都踩了一遍。

我白了她一眼，问："你知道小狗是怎么圈领地的吗？"

她一副如临大敌的样子瞪着我。

"小狗用撒尿圈领地，而你呢，用的是脚气！"

"你才有脚气呢！"她噘着嘴，却忍不住笑，接着又往我的胳膊上踩了两脚。还好我抵抗力强，至今都没被传染。

蘑菇小姐光鲜亮丽的形象从此荡然无存，但我就是喜欢这样直率可爱的她。

## 3. 我不想做你的爸爸

在我和蘑菇小姐磨合的阶段，她曾对我说：

"如果你可以把什么都安排好，我就可以像个小女孩一样，整天跟在你身后，这样我就会觉得很开心。"

"如果你有什么事搞不定的话，我会来帮你；如果你被人虐了，我会站出来支持你；如果你把事情搞砸了，我会来收拾烂摊子。但如果你完全可以自己做好的事，我希望你能够自己去做。我不希望你在我身上找爸爸的感觉，我希望我们可以一起并肩行走。”

“可是很多女生都希望能够找一个像爸爸一样的男朋友。”

“……”

我俩都陷入了沉默。

直到有一天，我去蘑菇小姐家中做客，才知道了她的成长经历。

那天，她弟弟说，以后找女朋友就要找姐姐这样的。蘑菇小姐白了他一眼说：

“找虐啊，你？我脾气那么暴，你还要找我这样的？”

她爸爸很认真地说，虽然他女儿脾气不是太好，但人真的非常好，而且从小就很懂事。

蘑菇小姐家里是做生意的，由于爸妈非常忙，10 岁那年，蘑菇小姐就在家里做好中饭，然后牵着她 5 岁的弟弟——姐弟俩一人拎着一个饭盒——给爸妈送饭。

听完这段往事后，我心里一阵酸楚，姐弟牵手送饭的画面在脑中挥之不去。蘑菇小姐性格大大咧咧，很多事情过去了就不记得了。但一个人在成长过程中缺失的，总是会不自觉地找另一种方式去弥补。所以我愿意去弥补她遗失的关爱，弥补那些错过的光阴。而她，渐渐地也不再对我提各种各样的要求了。

### 4. 陪你度过艰难时光

让我觉得很庆幸的一件事，是我陪伴蘑菇小姐度过了她最艰难的时光。

蘑菇小姐立志要做一名人民教师，但教师编制有限，整个杭州一年也就招不了太多，有些学校还要求要有教学经验，所以她在很长一段时间里都屡屡碰壁。

眼看毕业将近，工作还没着落，那段时间她各种哭，各种焦虑，各种发脾气。在这段最艰难的时期，她曾问我怎么办，我给她回了一条微信：

“李安成名前，他老婆还养了他 6 年呢。今年找不到工作也没关系，明年再找，大不了我养你。”

“神经病。”

“……”

后来我才知道，她偷偷把聊天记录截了图，发给了她的好闺密，心里可感动了。

幸运的是，在毕业前夕，她终于如愿以偿地拿到了一所学校的 Offer。

我俩曾经开玩笑说，以后生了男孩叫“顾全大局”，生了女孩叫“顾此失彼”。我时不时就会问她：“为了‘顾全大局’，你是不是该从了我啊？”

“不要，那你岂不是要养两个小孩了？还不如先养条狗。这样的话，你养我，我养狗，简直完美！”

其实蘑菇小姐的收入并没有比我低多少，就在她拿到第一份工资的那天，还给我买了一部新手机。自从我创立了微信公众号“缓缓说”之后，她甚至还对我说：

“如果哪天你想辞职了也不要怕，大不了我养你。”

“你拿什么养我啊？”我白了她一眼。

“靠我两条粗壮的小短腿呀。”她说完就开始嘿嘿嘿地傻笑。

## 5. 谁比较强势

元旦我和蘑菇小姐去参加她同学的婚礼，一起去的还有另一位伴娘。

蘑菇小姐理所当然地指挥我做这做那，我则以 10086 客服的态度竭诚为她服务。

伴娘笑着说：“你们两个，是不是以前就是这个样子的？”

“那不是的。”我顿了顿又说，“以前，我的地位比现在还要低。”

蘑菇小姐瞪了我一眼，然后嘿嘿嘿地开始傻笑。

“你们这样真好，两个人在一起，一个强一点，一个弱一点，这样就和谐了。”伴娘乐不可支地说。

“你是不是以为，我们两个人里，我比较强势？”蘑菇小姐问。

“啊？”伴娘同学有点儿意外。

“你不知道，他倔起来我一点办法都没有。”

蘑菇小姐曾对我说：“别人看到的都是你在让着我，但他们哪里知道，在我们两个人中，其实是你比较强势。”

我曾把这句话写在了“缓缓说”的故事里，高中死党毛毛看了之后对我说：

“你是外柔内刚，性子再久也不会改的。”

“所以在有些问题上，我不让步的时候只能她让步了。”

“哈哈，都不让就过不下去了。”

“她脾气急，但不固执，也从不记仇，即便会有争吵，但气消了就好了。”

“这样好，生气不过夜，两个人互补比冲着好。”

在爱情里，两个人本来就该是平等的，没有谁有义务无条件地迁就对方。我们都有各自的缺点，所以需要相互包容，相互承担，相互扶持。

## 6. 她的自白书

刚和蘑菇小姐在一起时，也曾听到过一些反对的声音。蘑菇小姐有过犹豫，有过动摇，只是牵了手的手，经历了岁月的沉淀后，再也分不开了。面对质疑，蘑菇小姐曾在微信朋友圈里昭告天下，作为回应：

> 只是因为我说我做了一个梦，然后他就穿越半个城市来家里找我了，想想也是蛮拼的。
>
> 只是我说过不喜欢别人先挂电话，有时候他忙起来忘了，却还会再打回来。在我还没反应过来时，就听见他说，重新打过来是为了让我先挂电话。
>
> 有时候晚上打电话说漏嘴，被发现还没吃晚饭，即便晚上 9 点多了他也会出现在我家楼下。

无论加班多累，刮风下雨，我回学校他肯定送我，我回家他肯定接我。

打电话时我要是各种暴躁、发脾气，他就知道我肯定是饿了。

所有日子统统记得，纪念日、节假日，甚至论文交稿日都有礼物，我反而总是记不住。

母亲节会给我妈妈送花，父亲节会给我爸买蛋糕，会爱我所爱，会急我所急，能够理解我的独特，欣赏我的优点，包容我的缺点，带我走出困惑，给我适时的指点。

这样的他或许不完美，可已然足矣。每个人注重的东西不一样，我注重的这些，或许跟你们关注的点不同，但这些就是我在意的。

我想以上的这些或许可以解答你们的疑惑，也谢谢你们关心我，爱护我。

## 7. 牵着她的手，慢慢地走

记得有一次我俩大吵了一架，吵完后她抱紧我，哭着说：

“你曾经说过，在你所有的女朋友里，对我是最好的。但是你知不知道，和你在一起之后的我，也是最懂事的。”

说完后，她又呜呜呜地哭个不停。

和蘑菇小姐谈恋爱，有心动，也有心痛；有笑点，也有泪点，却唯独没有过放弃。

可能有一些人会说：男人太善变，爱情不可靠，所以女人你要有很多很多的钱。但如果你自己都不相信爱情，又怎么能去要求对方给你一份不离不弃的爱？

一辈子很长，我们不知道以后会发生什么，但两个人相互陪伴的点点滴滴在不知不觉中融入了彼此的生命。不知从哪一天起，我的心里开始特别踏实，相信这辈子就是她了；也会觉得特别安心，相信她不会离我而去。

或许，海边还会有很多好看的贝壳，但我只想守护好手心里的这一块；或许，我们的未来还有很多的困难要克服，但我会和她一起去面对。

路还很远，我想试一下永远，牵着她的手，慢慢地走。

# 第二篇

## “逗比”的“菌菇一家人”

## 愿她天真、简单地活下去

蘑菇小姐有个亲弟弟，因为经常被蘑菇小姐黑，姑且就叫他香菇；蘑菇小姐的爸爸看起来营养很好（胖），就叫他猴头菇吧；蘑菇小姐的妈妈身材超级棒，就像金针菇一样。他们一家四口就这样愉快地组成了“菌菇世家”。

### 1. 爱他就要“欺负”他

香菇弟弟从小就长得很漂亮。作为典型的天秤座，对于美好的事物是没有抵抗力的，于是蘑菇小姐常常“欺负”香菇弟弟，因为蘑菇小姐说，爱他就要“欺负”他。按照这个逻辑，再看看我如今的处境，蘑菇小姐一定是太爱我了。

他们姐弟俩总是“相爱相杀”，常常拌嘴，但从不吵架。拌嘴的时候，香菇弟弟挤对蘑菇小姐，说她是充话费送的。可猴头菇爸爸和金针菇妈妈对女儿的偏袒实在太明显了，弟弟就会问爸妈：

“你们这么偏袒姐姐，那还生我干吗？”

“生你是为了让你陪姐姐玩啊。”金针菇妈妈淡淡地说了一句。

然后香菇弟弟就懵 X 了。

香菇弟弟总觉得自己的家庭地位太低，于是就热衷于养各种宠物，以为养个狗啊，猫啊，刺猬啊，兔子啊什么的，他的家庭地位就会提高一点。但故事总是猜得到开头，猜不到结局，养了宠物之后，他的家庭地位更低了。

## 2. 弟弟终究会长大

香菇弟弟比蘑菇小姐小 5 岁，牙牙学语、蹒跚学步的时候都是蘑菇小姐带着他，在蘑菇小姐眼里，他永远都是个小孩儿。

蘑菇小姐说：“作为姐姐，我觉得遇到事情时，我有责任挡在他前面；遇到难处，我有责任庇护他。有时候怕他长不大，有时候又很怕他长大，姐姐的心情真的很复杂。”

但无论姐姐愿不愿意，弟弟终究会长大。

第一次发现他长大，是在蘑菇小姐闺密的婚礼上。闺密、香菇弟弟和蘑菇小姐是小学校友，时隔 12 年后因为这场婚礼得以重聚。

蘑菇小姐曾是学校的风云人物，不仅因为她曾担任大队长，更重要的是她作风彪悍，专治学校里各种流里流气的小混混。

曾经有一个调皮的男生碰掉了闺密的包包，没想到姨妈巾就这么掉了出来。小男生一把捡起姨妈巾，把手举得高高的，还喊大家都来看。全班同学的目光齐刷刷地聚焦到姨妈巾上，闺密羞红了脸，恨不得挖个地洞钻进去。就在这时，蘑菇小姐突然杀了出来，一把夺过姨妈巾，然后一巴掌扇了过去——“啪”的一声，全班都惊呆了。

彪悍如蘑菇小姐，其实也有非常怂的那一面，比如很多感激和情绪都只是放在心里，不知道怎么开口表达，总觉得一说出口就变得矫情起来。

闺密婚礼那天，蘑菇小姐的班主任，也是她心目中的恩师，和他们坐在同一桌。蘑菇小姐领着弟弟对班主任说：“这是我弟弟，姚老师你还记得吗？”姚老师直夸香菇弟弟长大了，越来越帅了。

蘑菇小姐刚坐下，香菇弟弟端起酒杯，说：“姚老师，我敬你一杯，谢谢你把我姐姐培养得这么优秀。”说完，弟弟一饮而尽。

蘑菇小姐的眼泪刷刷地落了下来。默默在心里说了无数遍，一直羞于开口的话，弟弟却为姐姐说了出来，那一刻，蘑菇小姐发现弟弟已经长大了。

## 3. 角色转换

时间是一个很奇妙的东西，它能让人长大，能让人成熟，也能在不知不觉间完成姐弟间的角色转换。

周末，蘑菇小姐必然是赖在床上，而香菇弟弟会很自觉地早起做饭。

回家晚了，香菇弟弟会去车站接她，还不断叮嘱她要注意安全。

求职季，香菇弟弟默默塞给蘑菇小姐 2000 块钱，让她拿去买正装，置办各类物品。

找工作受挫，香菇弟弟对她说：“姐，你不要急，慢慢找，要是找不到工作，我养你。”

在很多很多这样的小事中，香菇弟弟就像哥哥一样，照顾着他的姐姐。

蘑菇小姐性子急，想到了什么事马上就要去做，心想着反正先试试再说，所以总是毛毛躁躁，顾头不顾尾。

很多次，蘑菇小姐出了家门后没几分钟，又折返回去，会正好碰到给她送东西的弟弟。香菇弟弟一边数落她丢三落四，一边又叫她注意安全，特别暖心。

2015 年夏天，蘑菇小姐计划开始一场环绕大西北的毕业旅行，想去看看草原的辽阔，沙漠的荒凉，感受西北人民的性情豪迈和民风彪悍。

姐弟俩一起出门旅行，香菇弟弟会做好攻略，定好酒店，不仅会考虑性价比，还会查好交通路线。由于飞机落地时间接近凌晨，他还会专门确定酒店是否能够接机，堪称事无巨细。

蘑菇小姐则负责找各种各样的好吃的。西安其实他们早就已经去玩过，可蘑菇小姐特别怀念西安的小吃，于是姐弟两个特意去了西安中转，到了之后，就一直是在吃吃吃。一路上，香菇弟弟顶着39℃的高温，带着两个人的行李，搬搬抬抬，“汗流满面”。

姐弟俩在西安整整吃了 10 个小时，香菇弟弟不断地发微信朋友圈，晒姐姐吃东西的照片。蘑菇小姐问弟弟：“你是在现场直播吗？”然而看到香菇弟弟心满意足的样子，她也会特别开心，于是也发了一条朋友圈：“其实我也是个好姐姐，哈哈哈。”

蘑菇小姐虽然看着乐呵呵的，却也偷偷对我说：

“我们习惯于把自己当成照顾人的那个角色，所以常常会担心他考虑不周，常常会拿自己的经历去为他排除人生路障。就像爸妈总是以过来人的姿态来告诉我们，什么可以做，什么不可以做，生怕我们走一点点弯路，受一点点伤害，这种关爱我特别能够理解。我对我弟弟也是一样的，所以在不知不觉间，我忽略了我努力庇佑的人已经长大，成熟到可以自己独当一面，甚至可以为我挡风遮雨。我发现自己曾经努力护着、爱着的小树已经长成参天大树，心里有满满的感动，也会有微微的失落。我想这就是矛盾吧，或者，这就是爱。”

## 4. 弟弟的助攻

最初，蘑菇小姐的父母对我并不满意，但香菇弟弟的原则很简单，只要蘑菇小姐喜欢，他就支持姐姐的决定。蘑菇小姐跟我在一起后，第一个把消息告诉了她弟弟。

“他哪一点那么吸引你？”香菇弟弟问。

“我们两个在一起有说不完的话。”蘑菇小姐肯定地回答。

“你确定跟他了？”

“嗯。”蘑菇小姐点点头。

对话到这里就结束了，香菇弟弟开始给蘑菇小姐通风报信，偶尔还会试着策反。

蘑菇小姐工作日住学校宿舍，周末才会回家。猴头菇爸爸和金针菇妈妈趁女儿不在就议论着我俩，然后恨铁不成钢地说，自家闺女怎么看上了我这么文弱的男人，生怕闺女受委屈。

香菇弟弟默默地听着，冷不丁地插上一句：“老妈，姐姐的脾气你也是知道的，有几个男人受得了她啊？”

猴头菇爸爸和金针菇妈妈想了想，觉得这话也是挺有道理的，话锋一转，开始嫌弃起自己闺女来。

## 5. 天真、简单地活下去

有一天，我和蘑菇姐弟以及蘑菇的闺密在一起聚餐，饭后，两个女人继续逛街，我先送香菇弟弟回家。路上，他突然问了一句：“和我姐谈恋爱挺辛苦的吧？”

“刚开始的时候确实辛苦，适应了就好，你姐除了脾气火暴，其他都好。”

然后我俩就开始讨论起她的各种小脾气，不仅达成了共识，还建立了“革命友谊”。

金针菇妈妈常说，他们姐弟两个一定是生反了。而蘑菇小姐则说，正是因为这种反转的关系，她才可以活得没心没肺。

很喜欢《小王子》里的一句话：“我始终认为，一个人可以很天真、简单地活下去，必是身边无数人用更大的代价守护而来的。”

曾经，我一（历）不（尽）小（千）心（辛）领走了蘑菇小姐，将来，也愿她一不小心，就这么天真、简单地和我共度此生。

## 女朋友的爸妈很“逗比”是怎样一种体验？

蘑菇小姐天生自带“话题终结者”的特技，一句话就可以快准狠地把人噎死。不管做什么事，无论有理没理，她都能说出一番道理；你明知道她不对，却也无言以对。所以，她的朋友常常说，要和她吵架，需要再借 8 张嘴。

特技是怎样炼成的呢？蘑菇小姐的回答只有两个字——遗传。

蘑菇小姐的家庭氛围相当民主，无论大事小情，爸妈都要征求她和弟弟的意见。蘑菇小姐无论遇到什么事，也都会一五一十告诉家里，一家四口，都是段子手，其乐融融。

### 1. 有借有还，再借不难

蘑菇小姐的语文超级棒，还是文学社社长。语文老师曾问她，高考是准备考个“联通”（130 分）呢，还是考个“移动”（139 分）？

结果蘑菇小姐手一抖，高考语文成绩比“联通”高一点，比“移动”低一点。

只是蘑菇小姐的地理水平就和她的路痴程度一个样。在一次月考中，蘑菇小姐的地理只得了52分，于是她暗暗下了苦功。毕竟，人不逼自己一把，就不知道自己的潜力有多大。

1个月后，她拿着月考的成绩单给老爸签字。

蘑菇小姐：“好消息、坏消息各一个，老爸你想先听哪个？”

猴头菇爸爸：“好消息。”

蘑菇小姐：“语文的平均分72分，我考了89分。”

猴头菇爸爸：“哟，超了这么多啊，那坏消息呢？”

蘑菇小姐：“地理的平均分67分，我考了53分。”

猴头菇爸爸：“哦，没事，有借有还，再借不难。”

（貌似我一不小心黑了她，后背涌出一股寒意）

### 2. 盐不要钱

蘑菇小姐：“老妈，你今天的菜怎么烧得这么咸啊？”

猴头菇爸爸：“你妈给你做饭，你还嫌东嫌西，要不要你自己去做？我觉得你妈妈做什么都好吃。”

蘑菇小姐：“你不愧是姓马的，你怎么不叫‘马屁精’？”

猴头菇爸爸：“你懂什么，肯定是最近盐降价了，所以你妈多放了点，说不定盐不要钱了。”

…………

## 3. 买买买

蘑菇小姐买了一大堆衣服，一件一件穿上，向爸妈展示，问好不好看。

金针菇妈妈：“又买这么多？你看看，衣柜塞得这么满，衣服都放到你弟弟房间去了，你怎么这么会买？”

猴头菇爸爸：“小姑娘当然要多买一点，漂亮的时候也就这几年，要好好打扮，不然等老了，跟你一样，穿什么都不好看。”

金针菇妈妈差点气死过去：“你是不是嫌我老了？”

话题成功转移。猴头菇爸爸走到蘑菇小姐边上，悄悄说：“老爸只能帮你到这里了。”

说完，猴头菇爸爸搂着金针菇妈妈进了卧室，留下蘑菇小姐一脸目送英雄的表情。

## 4. 别这么恶心

某天夜里。

蘑菇小姐：“爸爸，你怎么还没睡呀？”

蘑菇小姐：“爸爸，你要早点睡呀。”

蘑菇小姐：“爸爸，你不要太辛苦呀。”

一副南方女子的温婉语气。

猴头菇爸爸淡定地抬起头：“无事献殷勤。你自己说吧，要多少（零花钱）？”

…………

## 5. 好人你也做不来

蘑菇小姐性格直率，有什么说什么，常常得罪人。香菇弟弟性格内敛，考虑周全，处世温和。

某天，姐弟和别人闹了矛盾，回家后蘑菇小姐向爸妈吐槽。

金针菇妈妈：“你怎么这么傻的啦，好人嘛，你弟弟做，你尽做坏人。”

蘑菇小姐刚想说，“对啊对啊，弟弟就是腹黑”，可话还没说出口，金针菇妈妈自己又补了一句：“不过呢，反正好人你也做不来。”

蘑菇小姐一脸懵X——真的是亲妈啊！

## 6. 情人节

认识我之前，情人节的前一天。

金针菇妈妈：“明天情人节了，有没有什么打算啊？”

蘑菇小姐：“在家看电视。”

金针菇妈妈：“都一把年纪了，情人节也没个花收，也没个人约，真是可怜。”

猴头菇爸爸：“你都两个孩子的妈了，也没收过一束花，你更可怜。”

蘑菇小姐：“老妈你看吧，我果然是随你的。”

金针菇妈妈：“我没花收是因为你爸穷，你没花收是因为你太胖。”

父女俩一脸懵X样。

## 7. 属相不合

世界上有些东西无法用科学解释，但却能让人深信不疑，比如星座，比如属相。

金针菇妈妈有一个猪一样的队友。（这样说好像不太礼貌，重来）

金针菇妈妈有一个痴迷于属相的闺密，有事没事就向她安利（强烈推荐）属相配对的案例。

按照星座，我是水瓶座，蘑菇小姐是天秤座，堪称完美配对。可按照属相，我属牛，她属马，有点风马牛不相及。

最初，金针菇妈妈不满意蘑菇小姐和我交往，最主要的原因就是我俩属相不合。

金针菇妈妈曾说："牛马属相不合，牛头马面的，不吉利！"

蘑菇小姐："什么年代了，你还相信这些，都是骗你们这些无知妇女的！"

金针菇妈妈："这可是真人真事。"于是她把闺密告诉她的故事又绘声绘色地安利（强烈推荐）了一遍，吧啦吧啦，反正故事的最后，男的挂了，女的守寡，过得可凄惨了。

"你看，这本书上也是这么写的。"说话间，金针菇妈妈翻出了一本《生肖配对指南》。

（当时的画风，就好像周星驰的电影《功夫》里，叫花子说："少年，我看你骨骼精奇，是万中无一的武学奇才，维护世界和平就靠你了。我这有本秘籍——《如来神掌》，见与你有缘，就10块钱卖给你了……"）

蘑菇小姐：“这种书你也信？根本就是那些江湖术士自己编的，有什么科学依据啊？！”

金针菇妈妈：“老祖宗的话还是有道理的。”

母女俩争执不下。

…………

那阵子我和蘑菇小姐的处境可艰难了，也不知道会不会有未来，真的是抱着走一步、看一步的心情牵手往前走的。坐以待毙也不是办法，我只好见缝插针地表现一下。

听说金针菇妈妈从来没收过花，我趁着母亲节在网上预订了一束花。

听说猴头菇爸爸喜欢吃甜品，我趁着父亲节给他爸爸订了一个大大的蛋糕。

蘑菇小姐的闺密去她家吃饭，我就扮演车夫，顺便去她家蹭个饭。

如果用一个成语形容当时的我，恐怕没有比“无孔不入”更合适的了。

蘑菇小姐曾经愧疚地对我说：“让你受委屈了。”

“没事，我又不是玻璃心。”说话的时候我牵起了她的手。

大半年之后的一个暴雨天，金针菇妈妈摔断了腿，膝盖裂成了两半。当时我正出差，听蘑菇小姐哭得稀里哗啦，赶忙去医院探望。

金针菇妈妈见到我，最初是意外，一阵嘘寒问暖后，神情中流露出感动。毕竟人生病时，总是特别脆弱，此时的关心便更显温暖。

猴头菇爸爸倒是非常乐观，笑得像个弥勒佛一样，还握起拳头鼓励她和病魔做斗争。

从那之后，金针菇妈妈对我的态度缓和了许多。

有一次，他们提到我，金针菇妈妈不无惋惜地说：“顾羊羊其实也挺不错的，可惜两人就是生肖不合。”

猴头菇爸爸悠悠地来了一句：“牛和马有什么不合的，不都是牲口吗？”

金针菇妈妈无言以对。

3 秒后，母女两个一起笑喷了。

### 8. 钢铁是怎样炼成的

金针菇妈妈最近一直在做膝盖弯曲练习，可她其实特别怕疼，练一次就痛哭一次。

猴头菇爸爸两眼放着光说：“要让你知道钢铁是怎样炼成的。”

说话间，他已冲上前去，一副要用大力把膝盖掰弯的架势，活生生地把金针菇妈妈吓哭了。

…………

### 9. 衣服款式太少

金针菇妈妈：“顾羊羊好像衣服款式很少，你自己买那么多衣服，怎么不给他也买两件？”

蘑菇小姐翻了个白眼，说：“就他那样，穿什么都一样，有什么好买的。”

金针菇妈妈：“那还不是你自己选的？”

“……”蘑菇小姐无言以对。

金针菇妈妈又“补了一刀”：“佛靠金装，人靠衣装。先天不足，穿着来补。”

“……”蘑菇小姐更加无言以对。

当蘑菇小姐惟妙惟肖地在我和她闺密面前重演了这一段对话时，我淡淡地回了一句：

“很多成功人士的衣服款式都少，这样就不用把精力耗费在穿衣打扮上了。你看，他们穿来穿去就那么几个款式，顶多换换颜色而已。”

“你能和他们比？”蘑菇小姐白了我一眼。

“我衣服款式比他们多一点，所以成就也比他低一点。”

蘑菇小姐看着我，努力忍住笑，可她的闺密一下就笑喷了。

“总算看到一个能治得了蘑菇的人了。”闺密笑着说。

“我哪里敢治她？她可是‘武则天’。”

蘑菇小姐狠狠地瞪了我一眼。

## 你养我，我养狗

### 1. 阿萨姆来了

每次我去蘑菇小姐家，刚敲开门，就会有一只大白狗疯了似的扑到我身上，对着我哈哈哈地喘着粗气。

然后我就会蹲下来，摸摸它的脑袋说：“阿萨姆啊阿萨姆，你想我了没？”

它就会围着我绕圈圈，尾巴摇得跟拨浪鼓似的。由于阿萨姆是条胖狗，尾巴又粗又壮，摇起来蠢萌蠢萌的。

阿萨姆的名字很洋气，听起来感觉很不错。当年香菇弟弟为挣脱家庭的束缚出去闯江湖，形单影只，便领养了它。只是没过两个月，因为一次意外，香菇弟弟就被召回到“父皇、母后”的膝下，然后阿萨姆就出现在大家的生活中。

香菇弟弟说，这是一只母的萨摩耶，而在它闯荡江湖的那个地方，人们习惯在名字前面加个“阿”，以示亲近，所以阿萨姆就叫“阿萨姆”了。

阿萨姆刚到家的时候才两个月大，白白的，小小的，软软的，蠢蠢的，和它的女主人尤其相像。它的女主人喜欢用小脚丫子在我的车上踩来踩去，宣示主权，而阿萨姆则会在家里四处撒尿，抢占领地。它的女主人总对我说她饿了，想吃好吃的了，而阿萨姆对吃的则是来者不拒，完全没有吃饱这一说。

“三天两头买狗粮，每天无数次地清理它的大小便，一遍又一遍地整理房间，忙活了半天，房间还是又脏又乱。”

当蘑菇小姐绘声绘色地对我诉苦时，我想起曾有人说，养狗就像养个小孩，也是怪心疼蘑菇小姐的，年纪轻轻就当了“后妈”（蘑菇小姐自称是姐姐），于是就去给她买了好多好多吃的。可临睡时才突然想起，养狗之前蘑菇小姐的房间也是又脏又乱啊，每次我去她家的第一件事就是帮她把摊在床上的一大堆衣服一件一件地叠好，收进柜子里啊。

又上当了，唉。

## 2. 它比男朋友更贴心

蘑菇小姐是一名人民教师，由于学校离家太远，工作日都住在教师公寓。周末一回家，蘑菇小姐就恨不得补齐整整一周的懒觉，睡个昏天黑地。可阿萨姆特别有活力，起得特别早，而它一起床就窜到蘑菇小姐的房间，闹腾得不行。

最初，阿萨姆还很矮，小短腿只能够到床沿，它便不厌其烦地用爪子挠。从此，每个周末醒来，看到狗和阳光都在，蘑菇小姐的“起床气”就不打一处来。可每每看到阿萨姆雀跃的模样和那扑闪扑闪的大眼睛，她又实在不忍心发作，只能对它撒娇说：

“阿萨姆，让姐姐再睡一会儿，你先出去自己玩。”

把房门锁上，躺上床，蘑菇小姐却再也睡不着，于是干脆起床陪傻狗玩。

其实，蘑菇小姐最初是怕狗的，别看她总是瞪着眼睛凶我，骂我，嫌弃我，其实她内心可怂了，对于毛茸茸的活物有着天生的畏惧，据说小时候还被狗狗吓哭过。可阿萨姆毕竟颜值高，肤白、貌美、水灵灵，还特别爱撒娇，见人就摇尾巴，就抱你大腿，让人完全没有招架之力。

更重要的是，蘑菇小姐说，阿萨姆比我更贴心。

蘑菇小姐咳嗽了，趴在客厅睡觉的阿萨姆会立马跑进卧室，等看见主人没事，才放心地跑回去睡觉。有时候蘑菇小姐坐在沙发上看电影，它就坐在边上静静地陪伴。蘑菇小姐泪点很低，常常是看着看着电影，就开始默默抹眼泪。这时，阿萨姆就会来舔舔她的手，或是用爪子拍拍她的腿，就像在安慰她一样。

蘑菇小姐大大咧咧，丢三落四，背包也总是乱糟糟的，每次都要在家门口摸半天才能找到钥匙。而阿萨姆的耳朵特别灵敏，电梯门一开，它就开始扒房门，似乎是迫不及待地想要迎接它的主人。

有一次，蘑菇小姐忘了带钥匙，就在门口呼喊“母后大人”。金针菇妈妈躺在床上看电视，看得正嗨，竟完全没有听见。阿萨姆半天扒不开大门，就在门口呜呜地哭了起来。金针菇妈妈觉得奇怪，走出来看了一眼，才发现是自己闺女回来了。门一开，阿萨姆就以迅雷不及掩耳之势扑了过去，于是狗毛飞扬，乱成一团。

每次蘑菇小姐离开，阿萨姆都要跟着走，然后蘑菇小姐就一次次地和它上演“十八相送”（《梁山伯和祝英台》里的经典桥段）。有时候实在是没办法，就只好拿着狗粮把它骗到卧室。第一次它上当了，蘑菇小姐借机溜走；第二次故技重施，它竟然不为所动，为了跟着走，连狗粮都不要了，蘑菇小姐只好强行把它抱回房间，锁上门，趴在门上跟它说：

“姐姐要去学校了，过几天就回来，阿萨姆再见。”

它竟汪汪汪地回应了几声，仿佛听懂了一样。

有一次去蘑菇小姐家吃饭，吃完饭我坐在沙发上写微信公众号上的文章，这傻狗就默默地在我边上躺了好久。那时还是大冬天，脚有点凉，我就把脚搭在它毛茸茸、热乎乎的身子上。它抬起头，转过脸来看了我一眼。我摸摸它的脑袋，冲它微微一笑。它伸出舌头，舔了舔我的袖口，便顺从地躺下了。

阿萨姆特别喜欢舔我的袖口，我至今都不知道原因。

离开的时候，猴头菇爸爸送我和蘑菇小姐去车库，阿萨姆执意要跟去，我们便带上它一起去车库溜达溜达。车子没开出几米，这傻狗就跟着我们的车子一路跑，一路追，好似偶像剧里老套的追车镜头。

“人生中第一次被追车，竟然是被一只狗追！”蘑菇小姐红着眼眶，喃喃自语。

我默默地停了车，蘑菇小姐泪眼汪汪地冲出去，将阿萨姆一把抱起。缠绵过后，蘑菇小姐吸了吸鼻子，对我感慨：

“艺术果然是来源于生活啊！”

后来再看偶像剧时，我们总是会想到这条傻狗。

### 3. 阿萨姆的“狗生百态”

阿萨姆就像个孩子一样。它淘气，它也怂；它贪吃，它也傻；它爱撒娇，它也有亲和力；它还特别有眼光，它向我们展示了它的“狗生百态”。

阿萨姆特别淘气，有时候会故意四仰八叉地横在房门口，挡着路不让你走。

阿萨姆特别怂，小朋友怕它，它就叫；小朋友不理它，它也叫；可一旦有小朋友追它，它就鼠窜而去。有一次它在小区看到一只小白猫，一边吼一边冲上前去，那气势就像是一头狼。可没想到，小白猫冲它喷了一脸口水，吓得它往后一哆嗦，竟四脚朝天地倒在了地上。

阿萨姆特别贪吃，自从养了它，吃零食都得偷着吃，因为只要刚撕开包装纸，它马上就闻风而来，眼巴巴地看着你。见你没反应，它就开始叫，只要你在吃，它也就不会闲着。

阿萨姆特别傻，有一天晚上，熟睡中的它放了一个屁，很响的那种，它竟被自己的屁给吓醒了，然后呆头呆脑地四处张望，一脸傻样。

阿萨姆特别爱撒娇，喜欢躺在地上，露出它的小肚子让我们摸。据说这是狗狗信任我们，很有安全感的一种表现，这样想想，我们就会特别开心地多摸它几下。

阿萨姆特别有亲和力，见到谁都报以十二分的热情，不分男女，“老少通吃”，于是每天都有老奶奶领着小朋友上门来找阿萨姆玩。

阿萨姆特别有眼光，每次我去蘑菇小姐家吃饭，它都会蹲在我的身边。

金针菇妈妈笑着说：“每次你来了，阿萨姆就坐在你边上，你没来的时候，它就坐在我边上。”

“因为阿萨姆眼光好啊，它知道谁是最善良的人。”说完我转过身去，摸摸阿萨姆的脑袋，问它对不对。它傲娇地仰起头，对我大喊一声“汪”，似乎能听懂一样。

## 4. 飞来横祸

春节，“菌菇一家人”把阿萨姆带回了老家。可就在大年初五那天，阿萨姆在和隔壁家的大狗一起吃饭时，被大狗咬了一口。家人赶到现场时，阿萨姆左眼的眼珠子都已经快掉下来了。

蘑菇小姐哭得全身发抖，菌菇爸妈带着它，疯了似的去找宠物医院。大过年的，找了好几家宠物医院，好不容易才找到一家开门营业的。

不知道是不是被吓到了，做手术的时候，阿萨姆特别乖，特别温顺。手术进行得很顺利，可医生还是说，神经已经被咬断，左眼是保不住了。

蘑菇小姐打电话告诉我的时候，哭得稀里哗啦，话都说不清楚，我只能一遍遍地安慰她：

“只要阿萨姆活着就好，就算看不见了依然爱它。”

“嗯，只要它活着就好。”蘑菇小姐抽泣着。

刚被咬伤的那一个多月，阿萨姆变得内向、安静。想起它曾经屁颠屁颠、活蹦乱跳的模样，我们都怪心疼的。好在阿萨姆是条没心没肺的傻狗，好了伤疤忘了疼，慢慢地又恢复了往日的活力。

随着阿萨姆渐渐长大，它变得越来越懂事。曾经随地大小便的它，现在已学会憋屎、憋尿，等着主人带它出门的时候再拉屎、拉尿。有时候实在憋不住了，它就不停地挠门，像是在催着主人带它出门大小便。

出门时也从来不需要用狗绳，尽管它会撒欢地跑，却从来不会跑出我们的视线范围，只要一喊它，它马上就会屁颠屁颠地回到你身边。

当年，香菇弟弟被急匆匆召回家，是因为金针菇妈妈摔断了腿，如今，金针菇妈妈每天拄着拐杖，带着阿萨姆在小区公园里散步，做康复训练。阿萨姆会陪在她身边，紧紧贴着她的拐杖，就像生怕她会摔着，像个贴身守护的骑士一样。

“有时候我陪她们一起散步，看见我妈拄着拐杖的背影，旁边陪着一只白胖白胖的阿萨姆，我就觉得世界特别美好。”

## 5. 你养我，我养狗

曾经看过一个视频，说一只狗大概能活 15 年，其中有 7 年，也就是生命中将近一半的时间都是在等待主人回家。阿萨姆也是一样，它每天都会守着门，每到猴头菇爸爸、香菇弟弟回家的点儿，它就静静地躺在家门口，等待着家庭成员一个接一个地回家。

“我很庆幸的是，妈妈因为腿受伤了可以在家和阿萨姆做伴，或者说，我很感谢阿萨姆陪伴着我受伤的妈妈，这样妈妈一个人在家也不会无聊，不会胡思乱想。谁能用自己的大半生来等待另一个人呢？可是，这对于狗狗来说却是常态，所以我想对阿萨姆好一点，再好一点。”

有些猫猫狗狗受伤了，残疾了，就被主人遗弃了，但我们只想阿萨姆健康快乐地活着就好，因为感情永远都是双向的，阿萨姆离不开我们，我们也离不开它。

“有了阿萨姆以后，我常常会想念它，总感觉它就像是自己的孩子一样。以后我们结婚了，也要养一只狗，你说好不好？”蘑菇小姐两眼放着光。

“好啊。”我冲她微微一笑。

“以后你养我，我养狗，你说好不好？”

“好啊。”

“我喜欢白白的、胖胖的那种，你说好不好？”

“好啊。”

说完之后，恍然大悟——原来我们喜欢的“狗狗”，长得都像阿萨姆。

# 第三篇

## 难兄难弟的自嘲与互黑

# 听说你过得不好，我整个人都变好了

## 1. 越有本事的男人越没有脾气

彩蛋君是我的“好基友”，我俩都是水瓶座，都是慢性子，都是工科男，都有点二，都喜欢音乐，就连“女票”都喜欢同一款。

蘑菇小姐是我的女朋友，鱿鱼丝小姐是彩蛋君的女朋友，她俩都是天秤座，都是急性子，都是“毒舌”，都是“逗比”，都是“小公举”。

每次蘑菇小姐凶我、嫌弃我、喊我干活的时候，我都欺骗自己说，越有本事的男人越没有脾气。但其实宝宝心里苦啊，于是就偷偷去找彩蛋君说。

听说他也过得不好，我整个人都变好了，毕竟，我不是孤单一个人。

## 2. 心里过不去那个坎

蘑菇小姐喜欢高个子男生，她的每一位前任身高都在 1.75 米以上，这曾是她的硬标准。我追她时，她曾嫌弃我矮，说她心里过不去那个坎。刚开始我是不介意的，心里想着：恋爱中哪有什么硬标准，一切条条框框都是给不喜欢的人准备的。

然而在遭受了一次又一次的打击之后，我才幡然醒悟：这哪里是道坎，分明是万丈深渊啊！苦闷的时候我就去找彩蛋君吐槽，彩蛋君给我讲了他的故事。

当年，彩蛋君见鱿鱼丝小姐“画风”甜美，言语犀利，一颗“贼心”便“扑通扑通”跳个不停。

“美女，你好漂亮，像个仙女一样。”

“哎哟，真会说话，像哪个仙女？”

“电母。”

“哥屋恩——滚！”

…………

后来，在彩蛋君锲而不舍地勾搭下，两人越聊越投机。男人错误的自信心在此时得到了膨胀，撑起了贼胆前去表白，然后就收到了“好人卡”。原因很简单，鱿鱼丝小姐嫌他太瘦，不是自己喜欢的那一款。

听说他也曾被嫌弃过，我整个人都变好了。

## 3. 108 种脾气

刚和蘑菇小姐确定关系的那阵子，她可温柔了，我以为这是爱情的常态。后来才知道，这只是荷尔蒙在作祟，热恋期一过，她的暴脾气就原形毕露了。

天热了，她要发脾气；肚子饿了，她要发脾气；找不到路了，她要发脾气；就连手机信号不好，她都要发脾气。她把她的“108种脾气”统称为“体感不适”，而其中风险系数最高的要数拍照。

我给她拍照她要发脾气，因为她嫌我把她拍得丑。在她眼里，没有不好看的模特，只有不称职的摄影师。

她给我拍照她要发脾气，因为她嫌我这个模特怎么拍都丑。在她眼里，我简直“360 度全死角”，再好的摄影师也拍不好。

她一发脾气我也生气，拍照很累的，好嘛，累死累活还要被她吼。然后我就自个儿生闷气，实在受不了的时候就去找彩蛋君吐槽。

“你们没好之前我就和你说过，我觉得你适应不了她这样的，然后你说能适应……所以说，还不是你自找的。自己选的路，跪着也要走完啊！”

“你没去跳楼的时候觉得自己挺有勇气的，等你站到天台了，才知道自己到底有没有勇气。”

“那我没去天台也觉得自己不敢跳哇！”

“……”

“其实吧，她不高兴就让她不高兴嘛，假装哄着，别讲道理，然后自己玩自己的。”

“没想讲，也没来得及讲，电话就被挂掉了。”

“是我的话，就立马拨回去，她接了电话就哄她，不接的话那就最好了，反正我已经主动打过电话了，‘妹纸’不接嘛，那我就自己玩去了，等晚上她气消了再打给她。我也是被虐了好久之后才摸索出这个道理的。”

最初，我也并不看好彩蛋君和鱿鱼丝小姐。彩蛋君喜欢一个人编曲，一个人录音，一个人搞他的音乐创作，而他的前任是个“射手妹”，自己一个人也能玩得花样百出，两人特别合拍。吵架了，彩蛋君只管自娱自乐，等“妹纸”气消了，自然又会找他，然后两人和好如初。

而鱿鱼丝小姐则是完全相反的那一款，有事没事就“夺命连环Call”。我和彩蛋君去看一部电影，他要接三四回电话，还让不让人好好看电影了？这“画风”变得太快，我料想他适应不了。

果然，两人在一起不久，便闹到差点儿分手。那阵子彩蛋君可郁闷了，总是一个人跑去西湖边拍照，然后发微信朋友圈，说满地都是“狗男女”。

我看他一蹶不振，喊他一声“少年”，帮他提提神。他回我一句“走开”，然后又独自跑去西湖边看“狗男女”解闷。

正当我想着要不要扮演知心哥哥安慰他一下时，这家伙居然又和鱿鱼丝小姐和好了。从此以后，彩蛋君便多了一项“煲电话粥”的特技。

想想他也曾被“妹纸”虐得那么惨，我整个人都变好了。深吸一口气，我拨了蘑菇小姐的电话，心里默念“你别接你别接你别接”，然后电话就通了。

## 4. 又懒又邋遢

好不容易适应了蘑菇小姐的暴脾气，我才后知后觉地发现，一个不洗头就不肯出门的“妹纸”，在家居然是又懒又邋遢。这种感觉就像是小时候玩《超级玛丽》,历尽千辛消灭了Boss之后才发现——亲娘啊，居然还有下一关?！

每次我去她宿舍，床上都是一团糟。在床上你可以找到各种各样的东西，比如内衣啦，瓜子壳啦，巧克力的包装纸啦，到处都是，我甚至在她的枕头底下找到了她穿过的袜子。

每次我去她宿舍，她总是保持着一个姿势——在床上躺成“大”字形，然后就给我指派各种任务：

“哎，衣服你帮我叠一下。”

“哎，榴梿你给我拿一下。”

“哎，垃圾桶你给我拿一下。”

“哎，纸巾你给我拿一下。”

“哎，我肩膀酸，你帮我揉两下。”

“哎，你用力点，再往上点。”

“对对对，就是这里。”

“哎呀，真舒服啊。”

“哎，你别停，继续啊。”

“哎，你笑一笑，别像个小媳妇一样啊。”

委屈的时候我就去找彩蛋君吐槽：“你知道吗，我俩在一起前，蘑菇和我说她洗衣服可勤快了。现在呢，她总和我说，要是我能代替她上厕所就好了，你说是不是很雷人？”

彩蛋君神秘一笑，对我说：“我家‘妹纸’要去上厕所时，都是大喊一声‘Baby’，然后我心领神会，把她从床上抱到厕所去，好吗？”

听他这么一说，我整个人都变好了。

### 5. 如果爸妈不同意

一个风和日丽的日子，我和蘑菇小姐在城市转角的咖啡馆共度午后的慵懒时光。我俩喝着咖啡，吃着蛋糕，不经意发现角落里摆放着一把吉他。我随手抱起，弹了一曲，曲终，蘑菇小姐对我说：

“我觉得该让你见见我爸妈了。”

“行啊。”我信心满满。

“你别这么自信，我爸妈挺挑的。”

“我见过的家长，都挺喜欢我的。”

我曾见过三任家长，有工薪家庭，有事业单位领导，还有大学教授，每一个都挺谈得来。

“以前有个律师追我，我爸妈嫌他家住得太远。”

“有多远？”

“他家住萧山，开车半个多小时吧。”

然后我就懵 X 了。

“还有我前任，我爸妈嫌他脸太小。”

我摸了摸自己清秀的脸，又一次懵 X 了。

“你之前不是说你爸妈特别好说话吗？”

“那不一样。我爸妈对亲朋好友都特别好，但对我的另一半会特别挑。我爸每次看到电视里嫁女儿，都会偷偷抹眼泪，他们怕我将来不幸福，所以要求也会特别高。”

“这个我也能理解，但是……”

“如果我爸妈不同意，我没法舍弃家人和你在一起。”

看着蘑菇小姐一脸严肃的模样，我再一次懵X了。

沐浴更衣,买了蛋糕和礼物,我终究还是去见了蘑菇小姐的家长。

蘑菇小姐的爸妈热情好客，我们愉快地共进晚餐，我悬着的心也放下了一半。只是饭后，蘑菇小姐跟着妈妈进了卧室，过了好一阵才回到客厅，我心里“咯噔”了一下。

蘑菇小姐要搭我的车回宿舍，临走时，她爸依旧热情地把我们送到了地下车库，还不忘关照我们路上小心。可看到蘑菇小姐心事重重的样子，我已料到了结果。

寂静无言，我默默地开着车，任一排排路灯擦肩而过。

“怎么办啊？顾羊羊……”好久之后，蘑菇小姐幽幽地说。

“慢慢来吧。”我伸出右手，握住了她的左手。

蘑菇小姐非常信任我的心理承受能力，她把父母对我的评价一五一十、毫不隐瞒地告诉了我，然后我整个人都不好了。苦闷的时候，我依然是去找彩蛋君吐槽：

“见过几次家长，第一次这么被嫌弃，我也是醉了。”

“好苦啊，你这是一步一步走上我的不归路啊。当初被鱿鱼丝爸妈嫌弃的时候，我也有过你这个阶段。”

“唉……”

“谈恋爱本来就有风险，就看你怎么选。”

“走一步看一步吧。蘑菇虽然嘴上说着爸妈不同意就分手，不过以她的性格，才不会那么容易屈服的。”

“那你等着看她们‘母女斗’？”

“只是我虚岁都 30 了，再过几年真的变成大叔了。”

“如果请我吃饭可以减轻你的痛苦，我愿意。”

“你买单的话，或许真的可以减轻我的痛苦。”

“那你继续痛苦好了。”

彩蛋君没有请我吃饭，但听了他的经历，我总算安心了不少，同是天涯沦落人啊……

## 6. 谁能凭爱意要富士山私有

春节，彩蛋君见了鱿鱼丝小姐的爸妈，回来后在微信上对我说：

“感觉‘药丸’啊，她妈一脸中年‘女文青’的样子，一看就是最难对付的那种。”

“一样一样的。”我发过去一个生无可恋的表情，又问了一句，“你家人催你结婚了没？”

“天天催。你那边呢？”

“我这边还好，爸妈问起来，我就说蘑菇的爸妈对我挺满意，以免扩大矛盾……”

“也是苦哇。”

没想到过了几天，彩蛋君对我说：

“家长已经搞定，准备明年结婚。”

“中年‘女文青’突然就变了？”

“其实也没完全搞定，就是要先买房才让结婚。”

“那和没搞定有什么区别？”

“那不一样，之前就算买了房都不同意。”

“喔，那就是从 100 步变成了 50 步，现在你可以‘五十步笑百步’了。”

“我不会笑你的。”说完，他连发了两组微笑的表情。

“你再笑我死给你看。”

“唉，你就好好鼓励我吧，要是我的副业做不起来，明年可能就卷铺盖回家了。”

“这么励志……”

“没钱混不下去啊。”

“回家就混得下去了？”

“舟山有房。”

“然后每天守着你的房子打鱼啊？”

“做咸鱼。”

我和彩蛋君都在国企工作，很稳定，但缺乏上升空间。在谈恋爱之前，我俩都觉得收入已够日常开支，每年还能结余几万。谈了恋爱之后，真想啪啪啪地扇死过去的自己——让你年轻时不好好努力，唉。

有粉丝在微信公众号留言说：“我觉得爱情唯一的阻碍，就是不够爱，如此而已。”我想，说这句话的人，或许是因为年纪太轻，又或许是生活太过幸福。

有情饮水饱，但只能饱一阵。再好的感情，也会在细细碎碎的矛盾和一次又一次的委屈磨掉光环，化作粉末。

幸福能不能长久，终究还是要看理想和现实的差距，以及你能不能背负起责任和压力。

生活真的是有层次上的差异的。就拿洗脸来说，曾经的我以为，洗脸就是用水一洗，然后擦干就搞定，顶多天冷了抹点“大宝”，润润皮肤。后来我才明白，“妹纸”洗脸可能会有很多道工序：擦干之后要用爽肤水、润肤乳、精华、眼霜、日霜、晚霜、防晒霜、隔离乳、粉底……一道一道往上抹。

而这些瓶瓶罐罐的价格又会有很大的差异，用过了好的，那些便宜的就再也不想用了。

再来讲一个例子。蘑菇小姐曾对我说：

“我想办一个温馨又暖心的婚礼，不需要豪华，但一定要有仪式感，这代表着一辈子的承诺和回忆。”

“喜糖的盒子一定要好看，还要有独特的手工小蛋糕，我想给大家留点念想，而不是吃过、喝过就忘掉了。”

“婚纱照一定要漂漂亮亮的，毕竟青春短暂，一辈子只拍这一次。”

“嗯，我还想要个卡地亚的戒指，因为平时不方便戴钻戒。”

“还有还有，有一款玫瑰叫‘Rose Only’，一生只能送一人，我觉得特别有寓意。”

“家里的装修我们要搞得温温馨馨的，这样每天回家就会觉得很幸福。你说，我们把家里装修成粉红色好不好？”

听起来每一句都合情合理，但如果你仔细算算，这背后需要花多少钱才能实现？所以，蘑菇小姐说完了之后又加了一句：“唉，不过你也没钱和我结婚。”

一个人长大的过程，其实是一个和解的过程，自己与自己和解，自己与他人和解，自己与现实和解。因为你所处的位置不同，看事物的角度不同，你的态度就会有所不同。

站在女生的角度，追求幸福的生活并没有错。

站在家长的角度，总是希望自己的女儿婚后幸福，所以对未来的女婿挑剔一些也没有错。

站在我和彩蛋君的角度，我觉得我俩就像《喜剧之王》里的周星驰，只有在夜深人静的时候互黑又自嘲，才能在太阳升起时有勇气负重前行。

幸运的是，蘑菇小姐也曾对我说：“只要你努力了就好。”我相信我能和蘑菇小姐走到最后，也很想好好感谢彩蛋君，因为每一次听说他过得不好，我整个人都变好了。

这不是因为人性的阴暗，而是因为相似的经历能够让彼此感同身受。有人陪你颠沛流离，你才不至于那么孤独和无力。

有人说，我写的故事很温暖，可温暖并不是“少年不识愁滋味”，而是你看清了成年人的生存法则后，依然能够心存美好，依然愿意热烈地去爱，依然愿意无条件地付出。

人生就像刷牙，一手握着“杯具”，一手握着“洗具”，最好的选择也不过是顺其自然。只是，顺其自然并不是不努力，而是努力之后能够坦然接受最后的结果。

很喜欢林夕写的那首《富士山下》，最喜欢的是那句，“谁能凭爱意要富士山私有”。就像林夕说的那样：

“你喜欢一个人，就像喜欢富士山。你可以看到它，但是不能搬走它。你有什么方法可以移动一座富士山？回答是，你自己走过去。爱情也如此。”

喜欢你就往前走，只是途中总会遇见各种各样的艰难和坎坷，要说不累，太假。

在你满身风雪时，有一个人陪着你颠沛流离。你们能够理解彼此的无力，你才会觉得不那么孤单，你才有勇气告诉自己，顺其自然就好，然后风尘仆仆地继续往前走。

毕竟，能说的，都不是最深的孤独。

# 虚惊一场

2012 年，我和彩蛋君因弹吉他结缘。那时候，我刚失恋，一不小心就和他成了“好基友”。

彩蛋君原名叫思思，我们常常夸他的名字非常之“Man”，于是他傲娇地把名字改成了谐音“4”。

“4”是一个很神奇的数字。你看，2 加 2 得 4，2 乘 2 得 4，2 的二次方还是 4，横竖都特别地“二”，简直是为他量身定制。

彩蛋君比我小 3 岁，所以生活中我一直喊他“小 4”。后来，我拉他和我一起做微信公众号，于是他便有了“彩蛋君”这个新名字。

## 1.“缓缓说”的前世今生

一开始，我和彩蛋君打算做一个以生活体验为主的微信公众号。都说名字很重要，我思来想去，一拍脑门对他说：“不如就叫‘缓缓的品质生活’吧。”

作为“好基友”，他“含情脉脉”地看着我，然后坚定地对我说出了两个字：

“再见。”

“……”

我们友谊的小船说翻就翻。

彼时，屠呦呦得了诺贝尔奖，却遭到了诸多质疑，甚至还遭受了人身攻击。

由于观点不和而牵扯到人身攻击的行为是粗鲁和低级的，一个人首先应该有点温度，能够尊重不同领域的贡献，如此才不至于变成一个有知识的流氓。

缓缓君有话要说，便创立了公众号“缓缓说”，写下了第一期《吃屎可以治病吗？一场因诺贝尔奖而引发的撕大战》。

写科普是一件严谨又费时的事，需要查询大量资料，结果却是叫好不叫座，吃力不讨好。

思来想去，我又试着写了一篇散文，完成后发给彩蛋君预览。我问他怎么样，他幽幽地对我说了一句：

“除了没什么吸引力，其他也还好。”

“……”

我们友谊的小船再一次翻船。

迷茫的时候，我对彩蛋君说：“不如我们写‘鸡汤’吧。”

彩蛋君冷冷地回了一句：

“‘鸡汤’有毒。”

“……”

我们友谊的小船一翻再翻。

迷茫的时候，蘑菇小姐简简单单地说了一句：

“不要想太多，你按自己的心意去做就好了。”

就这样，爱情的巨轮扬帆起航。

虽然很多人说‘鸡汤’有毒，但我们难免都会遇到低谷。在你无助的时候，‘鸡汤’或许可以让你拥有行走的力量。毕竟，人在低谷时，往前走比什么都重要，于是我写下了大白菜先生和仙人掌小姐的故事——《女朋友那么作，到底要不要分手？》

作为一名工科男，我还搜集了科学依据作支（包）撑（装），没想到这篇文章一下子就火了，登上了各大平台的头条，还上了“豆瓣精选”。于是我又把故事补充成了“三部曲”，从此“缓缓说”在“鸡汤”的道路上一去不复返。

## 2. 彩蛋来了

台湾综艺节目《康熙来了》宣布停播时，我灵机一动，在微信上对彩蛋君说：

“《康熙来了》没有了，那我们就做一档《彩蛋来了》，把故事背后的故事以有趣的方式写出来。彩蛋我就托付给你了，你就叫‘彩蛋君’吧，萌一点，扯一点，二一点。”

“为什么不叫‘蛋蛋君’？”他发来一个贱贱的表情。

“这个可以有！”我发过去一个激动的表情。

一觉醒来，《彩蛋来了》横空出世，只是他又偷偷地把名字改成了“彩蛋君”。

“缓缓君拉我做公众号，其实一开始我是拒绝的。但是他说没关系，文章全部由他来写，我只需要给文章加特技，于是我就“入坑”了。

“缓缓君是一个神奇的人，擅长把通俗易懂的东西用高深莫测的理论包装起来，再用通俗易懂的文字表达出来，把人忽悠得一愣一愣的。

…………（此处省略一大段不正经文字。）

“说点正经的，这年头，不搞噱头、不买粉，还能成功做微信公众号的，真是凤毛麟角。于是，一开始我就对他各种冷嘲热讽。但是他完全不为所动，在“谜之自信”的鼓舞之下，发出来的第一篇——在我还没加特技的情况下——阅读量居然相当不错！接着，第二篇也迅速酝酿了出来……

“《女朋友那么作，到底要不要分手》这篇文章大体讲述了缓缓君和蘑菇小姐的恋爱故事，只不过把名字换成了大白菜先生和仙人掌小姐。怎么说呢，缓缓君是‘矮穷矬’，笑起来还很猥琐；蘑菇小姐童颜巨乳，是浙大的研究生。想知道他怎么追到女神的？点进去看就知道了。”

让彩蛋君写得萌一点、扯一点、二一点，是我的初心，可没想到他黑我黑得那么用心，一黑就是半年光阴……

## 3. 理想与现实，面包与玫瑰

4月底忙着赶书稿，天天熬夜累成狗，又因为一些事和蘑菇小姐狠狠吵了一架。心有灵犀的是，彩蛋君也和鱿鱼丝小姐闹了别扭。我这儿正忧伤呢，收到彩蛋君的信息后更是眼前一黑，因为一睁眼看到的竟是：

“昨天我想了一晚上，爱好不能当饭吃，要结婚，要养家，最终还得靠钱。所以微信公众号我可能暂时不做了，得脚踏实地花时间做点副业。”

看完短信，顿时悲从中来。低谷时，“鸡汤”给人行走的力量，可最终，我们都要诚实地面对生活。

彩蛋君对我说，爱好不能当饭吃，要结婚，要养家，最终还得靠钱，得脚踏实地花时间做副业，我特别理解。

这座城市里高昂的房价和生活成本，让很多人来了又走，好多人对我说，真的很喜欢杭州，可真的是留不下来。即便是作为杭州本地人，作为一个普通家庭出生、长大的孩子，我一样觉得“压力山大”。

…………

默默地演完了一场情感丰富的内心戏，完成了心理建设后，我对彩蛋君说：

“如果你真的打算不做的话，我写文给你做个纪念吧，或许对你们还会有点儿帮助。”

“你不是应该象征性地挽留一下吗？”

“那你和‘妹纸’分手吧，我们继续做微信公众号。”

对话到此戛然而止。

## 4. 虚惊一场

在内心戏的驱动下，我洋洋洒洒3000字，写下了对彩蛋君的告别和祝福。

现实残酷，为了幸福，每个人都会有自己的立场和角度。

对于女生而言，大都需要有个家才能心安，而女生的家长都希望自己的女儿婚后至少能有安定的生活，而要实现这一切，首先都需要有一处自己的小屋。

作为男生而言，肩上的责任还没能力独自承担，于是不得不转嫁到爸妈的肩上。但是，又不忍心看他们操劳了一辈子还要过得那么辛苦，唯有加倍努力，自己多承担一点，爸妈就可以少分担一点。

人人都有自己的角度和难处，所以免不了会有矛盾和冲突，因此才需要相互理解和体谅，才需要大家各让一步。如果每个人都死死抱住自己的立场不放，那穷人家的男孩是不是就不配结婚了？

我们生来就有很多的不同，有人性子急，有人性子慢；有人活泼外向，有人安静内敛；即便是最简单的挤牙膏，也有人喜欢从中间挤，有人喜欢从底部挤。于是，我看不惯你，你也看不惯我，理解就变得很难。大多数人更在意自己的感受，自己的立场，总以为自己的所思所想才是最好的，可真的是这样吗？

我们曾经以为地球是宇宙的中心，可它不过是太阳系里的一颗行星。但正是因为地球绕着太阳转，所以我们才能享受到阳光和温暖。

谁是谁的中心其实并不重要，没有人是世界的中心，但因为有人结伴同行，所以我们的生活才不至于变成一个又一个孤岛，所以人间才有了美好。

我理解彩蛋君所背负的责任和压力，真心希望他能走出一片新天地。所谓的朋友，就是他走的时候能够好好地为他送行。

我希望他能赚到足够的钱在杭州安个家。

我希望我们的下一代能够一起玩耍。

我希望人和人之间的善意能够被感激。

我希望人和人之间的差异能够被理解。

我希望不同立场的人能够相互礼让。

我希望每一个人的努力都能够得到尊重。

我希望每一个人都配得上更好的生活。

…………

文章发出去后，蘑菇小姐说她看哭了，于是我和蘑菇小姐和好如初。正当我想象着彩蛋君感动的画面时，他发来了一个吐血的表情。

原来，这是彩蛋君为了哄她女朋友的缓兵之计，他发给我的一大堆信息里有说起过，但我当时只看到了他说要走，竟完全没有察觉到他的本意。幸运的是，鱿鱼丝小姐也因为这篇文章，与他和好如初。

虽然彩蛋君总是黑我，黑我猥琐，黑我是“矮穷矬”，但只要他在就好。就像韩寒说的：“‘虚惊一场’这四个字是人世间最美好的成语，比起什么兴高采烈，五彩缤纷，一帆风顺都要美好百倍。你可懂什么叫失去。”

# 第四篇

## 女朋友那么作，到底要不要分手？

## 站在感情的十字路口，究竟该何去何从

蘑菇小姐对我说，我俩的相识相恋、争吵打闹，经历的狗血曲折，都可以写成一部剧本了。于是我以旁观者的视角，以“三部曲”的形式，写下了我们恋爱之初的这一段经历。故事里的大白菜先生就是我，仙人掌小姐是蘑菇小姐，而豆芽菜先生是彩蛋君。回头看看自己的故事，会有一种很奇妙的感觉。

### 1. 一枚大白菜的征友自白书

大白菜先生，29 岁，工科男，有过一些故事。老同学馒头小姐见他已然成了大叔，却还不慌不忙、不紧不慢的，反倒为他操碎了心。

“我去 CC98（浙大的论坛）给你发个征友帖。”

“哎呀，感觉自己像是大白菜啊。”

“那你也是‘黄金大白菜’。”

“好吧，就算是做大白菜，也得做一棵有特色的大白菜。”

第二天，浙大的论坛上惊现了一则另类征友帖：《一枚大白菜的征友自白书》。

## 2. 大白菜遇见仙人掌

仙人掌小姐，24 岁，文科女，浙大研究生。

仙人掌小姐从不上学校的论坛，但她的室友上得勤。她们充分发扬了雷锋叔叔做了好事不留名的精神，瞒着仙人掌小姐，偷偷地为她发帖征友。于是，仙人掌小姐的邮箱和微信突然就炸开了锅，大白菜先生就是“骚扰者”之一。

打开仙人掌小姐的微信朋友圈，大白菜先生看到的第一条就是：“本想卖室友却反被室友卖，知道真相的我眼泪掉下来。大家说我到底可以卖个什么价嘞？”

往下是仙人掌小姐自己的评论：“已有人出到 100 块，有木有（有没有）更高的了？价高者得！”

“我出 100 万，0 首付，无限期按揭。”大白菜先生留言。

“小伙子挺机智嘛。”仙人掌小姐回复。

“既然那么机智，你从还是不从？”

“容我再考虑考虑。”

大白菜先生喜欢从容不迫的节奏，追妹子也是如此。他不急不躁、不紧不慢地与她进行着互动，因为他比她大 5 岁，她喊他“大叔”。

两人第一次见面是在一个风雨交加的夜晚，然而并没有上演什么剧情。

仙人掌小姐第二天晚上要去兼职的院校监考，可她不争气地感冒了。大白菜先生虽然性子慢，可毕竟是个行动派。

“明天晚上我去接你。”

“不用了，我自己可以的。”

“这么客气干嘛，难道你还怕我是大尾巴狼啊？”

“没有没有，我知道大叔是好人，真没有把你当成大尾巴狼。”

“你想想啊，月黑风高，寒风呼啦啦地吹，你一个感冒的小姑娘站在大街上瑟瑟发抖地等公交车，多可怜啊！”

大白菜先生说得极富画面感，仙人掌小姐犹豫了一下，终究还是答应了。

两人初次见面，一路有说有笑，挺谈得来。

## 3. 心里有个过不去的坎儿

仙人掌小姐挺欣赏大白菜先生的，他机智幽默，文化素养不错，她很喜欢和他在一起时两人间的那种默契。可在她的少女梦里，终究还是喜欢高大帅气又霸气的男生。而大白菜先生呢，想一下菜市场里的大白菜就知道了。

第二次见面，大白菜先生约了她一起去看话剧《哈姆雷特》。两人并肩行走时，仙人掌小姐心中感慨，终究还是矮了点儿。仙人掌小姐一直奉行男朋友身高要在 1.75 米以上的硬标准，她心里过不去这个坎儿。

回宿舍后，她发信息给他：

“我就直说了，我们不可能。”

“为什么？”

“如果是放在以前，身高 1.75 米以下的男生，我连追我的机会都不会给他，你已经很了不起了。”

“懂了。”

“我不想耽误你。”

“没事。”

大白菜先生是个经历过风浪的人，他会努力争取自己想要的东西，也能坦然接受自己不想要的结果，这是他对“顺其自然”这四个字的理解。

可仙人掌小姐却糊涂了，明明是自己拒绝了他，为什么自己却抑制不住地想哭呢？她吃了很多很多零食，撑到想吐，眼泪却还是不争气地掉了下来。

“大叔。”她终究还是忍不住给他发了信息。

“嗯？”大白菜先生回得很快。

“我还以为你再也不理我了。”她松了一口气。

“在你心里我就这么小气？”

“不知道为什么，我好难受，好想哭。”

“那就哭吧。”

两人又恢复了“邦交”。

## 4. 或许不做选择，也是一种选择

大白菜先生个子不高，但有着超出同龄人的精神高度。在她困惑的时候，他能让她明了；在她被虐的时候，他能让她安心；在她声泪俱下地讲述过去经历的时候，他能让她温暖。渐渐地，他走进了她的心里。

2015年的元旦，大白菜先生意外地出现在她家楼下，仙人掌小姐惊喜得放下碗筷便跟着他跑，还带上了自己的弟弟。

杭州的元旦格外热闹，三人好不容易入座一家东北菜馆，刚点完菜，仙人掌小姐突然神色慌张地在弟弟耳边低声说了一句话，便落荒而逃。

大白菜先生预感到了什么，但他一如既往地镇定自若。他很真诚地和仙人掌小姐的弟弟谈论着关于仙人掌小姐的种种，也在等待着她的解释。

终于等到了她，3人会面后，弟弟很知趣地离开了。

“你不问我为什么突然跑掉吗？”

“我相信你会告诉我的。”

“刚才我一转头，发现他就坐在我们隔壁……分手那么久了，真没想到会在这里遇见。”她犹豫了片刻，接着说，“我看到他的时候，脑子里一片空白，只想着赶紧逃走。”

短暂的沉默后，大白菜先生开口了：“刚才和你弟弟聊了挺久，他说你出门的时候，大大咧咧地和爸妈说是去见男朋友。”

“他瞎说！”

“你脸红了。”

仙人掌小姐默默低下了头。

她家楼下，仙人掌小姐望着大白菜先生，满脸歉意：

“我相信，行为比想法更诚实，我当时什么都没想，身体就驱动着我跑掉了。我现在真没办法接受你，我不知道该怎么办，或许不做选择本身也是一种选择。”

一阵短暂的沉默。

“为什么偏偏遇见了这个时候的你？”他的语气里尽是无奈。

“抱歉……我能做的，只是一五一十地告诉你我心里的想法。”

还有坚持下去的意义吗？大白菜先生想不明白。

“当你怎么也找不到答案的时候，不如让答案来找你。”

馒头小姐的一句话点醒了迷茫中的大白菜先生，他也把这句话送给了同样迷茫的仙人掌小姐。

既回不到过去，又看不到未来，不如往前走一步，再走一步，等待答案的主动降临。

## 5. 只是会可惜

这段微妙的关系并没有维持很久，后来发生的一些事，让他决定转身离去。

只是你离开茫茫人海

丢不掉我放开你的宿命

我虽在这里
我虽在这里
试着忘记
慢慢都会忘记

只是你不情愿地离去
否定我们不同的生命
只是会可惜
只是会不经意忘记想念的意义

夜深人静，大白菜先生单曲循环着梁晓雪的《只是会可惜》，一遍又一遍。

有太多事说不清，所以，最好还是不说，只是诚实地面对生活。他决心消失在她的世界，只是会可惜。

## 6. 再难也要往前走

“认识你那么久，从来没见过你大喜大悲的样子，我觉得你需要释放一下。”豆芽菜先生对他说。

大白菜先生淡淡一笑，依然不紧不慢。

他再没去找过她，只是偶尔会在微信朋友圈刷到她的消息。看到她瘦了，她憔悴了，她过得不好，他的内心免不了会有波动，但他的理智也会熄灭内心的那一点火焰。他是个下了决心就再难回头的人，他告诉自己，再难也要往前走。

## 7. 时间告诉你答案

时间不停地转动，一圈一圈在变换。当大白菜先生觉得他和仙人掌小姐不会再有交集时，却意外地接到了她的电话。她主动和他聊着一些有的没的，他礼貌地回应着，礼貌得有点儿陌生。

第二天，他开车时看到了她的来电。“如果回家之后她再打来的话，那就接。”他告诉自己。可手机并没有再次响起。

又过了两三天，他收到了她的信息：“大叔，救我。”

“怎么了？”他终究还是会担心。

她发来了视频请求。

有过一瞬间的犹豫，他还是接了。

她穿着睡衣，躺在家里，声音温柔，满脸笑容。其实并没有什么惊天动地的事儿，她只是参加了一个“大冒险”——选一名异性，每天视频 15 分钟，坚持 1 个月。

聪明如他，怎么会看不透她的心思。只是视频里的她，一直地笑，一直地笑，笑到羞涩地用手去捂住自己的嘴，可还是挡不住满满的笑意，纯真得就像是拿到了棒棒糖的孩子。

好久不见，她的笑容依然是那么有感染力。挂断视频时，他看了一下时间，1 小时 15 分钟。

其实，在大白菜先生走后的一段时间里，仙人掌小姐曾发过一条微信朋友圈：

“感情有时候很无奈，因为有时间差，其中一个若是反应慢了，可能等反应过来时，对方已走开。毕竟两个人一触即发的感情太需要巧合和缘分，而我们又不够勇敢到把对方抓回来。所以在我看来，如果真的是对的人，那他会明白，自己走来。感情应该是水到渠成的事，容不得半点将就和勉强。”

他犹豫了好久，终究还是没有走过去。而勇敢的那个人变成了她，她自己走了过来，用她的笑容融化了他的冰雪世界，就好像他曾经悄无声息地走进了她的心里。

再见面时，仙人掌小姐告诉大白菜先生，在他消失的日子里，她见到了她的前任，但却发现自己心里满满的都是他。原来在她自己还没察觉到的时候，她早已爱上了他。

有人说，真心爱过的人，当她再次出现在你面前时，你没有办法阻止自己继续去爱她。

大白菜先生突然一把按住了她，势不可当地亲了下去。

## 缓　缓　说

女生在恋爱时往往会经历这样一个阶段：感觉这男生挺不错，对自己也挺好，有一点儿动心，但又觉得差了一点儿什么，这便是一种介于喜欢和不喜欢之间的状态——就像心里住着一只“薛定谔的猫”（薛定谔的猫代表不确定性），闹得她自己也搞不清楚自己的心意。

为什么女生的心中，会住着一只“薛定谔的猫”？进化心理学给出了解释：

在“女性的长期择偶策略”中，要考虑的因素非常之多，比如形象、气质是不是有吸引力，是不是用情专一，是不是足够贴心，是不是有经济能力来支撑家庭，是不是有相近的价值观，等等。

正是因为要考虑的因素太过复杂，这对于远古时代的人而言，难度太大。所以在漫长的进化过程中，自然选择给了女人一个有效的解决办法——感觉。

远古时期，体格高大强壮的男人往往具备更强的打猎能力和保护女人的能力，所以在进化的过程中，高个子的男性往往更受女性青睐。可个子高的男人不一定对你好；即便对你好，也不一定只对你好；即便只对你好，也不一定谈得来。所以，对于女人而言，爱和承诺，三观合拍，才是择偶时最重要的因素。这个结论在一项跨文化的研究中得到了肯定。

当各种因素、矛盾冲突时，女人与生俱来的感觉会帮助她们找到答案。所以，爱情这件事，永远没有标准答案。

站在感情的十字路口，究竟该何去何从？

缓缓君的回答是：Let love tell you 。

当你处于难以选择的艰难处境时，忠于自己的内心。回归自己生命的本身，去哭去笑，去爱去闹，去倾听自己的心声，去参与和见证彼此的爱情。我相信，这才是属于你自己的，独一无二的答案。

## 女朋友那么作，到底要不要分手？

### 1. 喜欢就是有说不完的话，是晚安之后还想说晚安

大白菜先生是个慢性子，最擅长一个人自娱自乐。仙人掌小姐是个急脾气，特别容易“体感不适”。所谓的“体感不适”就是忍不住要发脾气。在她的“108种脾气”里随便选一条，抖一抖，满地是刺。

仙人掌小姐要是放在古代，绝对是个美女，只不过是唐朝的那一款。最初，她嫌大白菜先生个子矮，可大白菜先生了不起的地方就在于，两个人还没见过面，他愣是在微信上把仙人掌小姐聊哭了。

第一次见面后，大白菜先生对仙人掌小姐说：“我要把你领走。”仙人掌小姐根本不Care（在意）。然后呢，仙人掌小姐真的就被大白菜先生领走了。

第一个月，两人如胶似漆，大白菜先生常常会突然出现在仙人

掌小姐的宿舍楼下。她嘴上抱怨着说你怎么又来了，心里其实是相当欢喜的。彼时，幸福感就像是烧开的水，不断往外冒着热气。

仙人掌小姐发微信朋友圈，表达自己的心情——喜欢就是有说不完的话，是晚安之后还想说晚安。

## 2. 体感不适

这才刚过了第一个月，仙人掌小姐的暴脾气便逐渐暴露，一不小心就会“体感不适”。

就拿吃饭来说，对话有时是这样的：

“我们晚上吃什么啊？”仙人掌小姐问。

“杭帮菜？”

“不要，清汤寡水的，没味道。”

“你想吃什么？我带你去。”

“我要是知道自己想吃什么，我还问你干吗?！”仙人掌小姐火气就上来了。

又或者是这样的：

“我要吃炒饭。”

“我在地图上搜一下附近哪里有卖炒饭的。”

“我都饿死了！你要是1分钟内找不到，我就哭给你看。”

不到半分钟，仙人掌小姐就生气不理人了。

“大姨妈”来之前的那几天更是难熬，一个猝不及防，仙人掌小姐就“炸”了。

## 3. 我要你有什么用

仙人掌小姐发脾气的时候，大白菜先生也不和她争，有时就笑笑，有时就在她边上默默地听着，任由她发脾气。仙人掌小姐抱怨说，自己就像一拳头打在棉花上，这让她更烦躁了，她宁可大白菜先生和她吵一架。

大白菜先生压力大的时候会去找“好基友”豆芽菜先生吐槽。

“本来心情还不错，中午给她打电话，我就是把她跳的‘九宫格减肥操’记成了‘郑多燕减肥操’，结果她冲我发了一通脾气就把电话挂掉了。她之前是和我提过一次，但这种东西我哪里记得住，我又不是复读机！我最近特别忙，一边要加班，一边还要准备论文和考试。压力那么大，她还动不动就冲我发脾气。”

“一个人忙的时候很容易想：‘我已经那么累了，你怎么不对我好一点？’但是你要知道，你忙，那是你自己的问题。”

每一次豆芽菜先生都会帮仙人掌小姐说话，而大白菜先生也只是需要释放一下积压的情绪，吐完槽也就没事了。

仙人掌小姐也觉得这段恋爱谈得有点委屈，便找大白菜先生理论。

“我发脾气的时候你都不能把我哄高兴？我把电话挂了你就不管我了，还得我自己来消化情绪，我要你有什么用？”

大白菜先生最烦仙人掌小姐和自己说“我要你有什么用”，在大白菜先生看来，感情不是拿来用的。

“你是我女人，所以我会对你好，但你也不能太过分。你动不动就冲我发脾气，我也很郁闷。你要我对着你凶神恶煞的样子来哄你，一次两次还行，但时间久了我肯定受不了。根据过去的经验，我很清楚，不能为了息事宁人而一味地违背心意去迁就对方，这会给两个人的感情种下毒素，日积月累，这段感情就病入膏肓了。我能做到的是，等我处理好自己的情绪之后来找你，当天的问题当天解决。”

仙人掌小姐似懂非懂。

## 4. 女朋友那么作，到底要不要分手？

仙人掌小姐特别爱拍照，眼见毕业将至，便带着单反相机，和大白菜先生约拍于浙大之江校区。为了能让大白菜先生拍出自己想要的感觉，她特意从微博上下载了几张摄影师的作品发给大白菜先生：“喏，你就按这个拍。”

大白菜先生从没学过摄影，也没玩过单反相机，但好在曾经学过美术，懂一点黄金分割，知道蹲下来从下往上拍能显高，便拿起相机，咔嚓咔嚓地拍了几张，把身高 1.56 米的仙人掌小姐拍出了 1.65 米的即视感。仙人掌小姐还算满意，两人就这么一路走，一路拍。

之江校区的前身为育英书院，建于 1897 年，又名“督学堂”，学校内的古建筑别有一番风味。其中最为有名的是上红房和下红房，圆拱门廊，雕花柱子，留有古罗马建筑痕迹。仙人掌小姐满心期待大白菜先生能拍一部“红房子系列”，她想要电影里民国时期的镜头感。

可那时候的大白菜先生，既不懂光圈，也不会设置 ISO，室内光线那么暗，哪里拍得出好照片？仙人掌小姐拿起相机一看，当场就暴躁了，皱紧眉头，瞪着眼：“没一张能看的！”大白菜先生也不说话，耐着性子继续拍，照片里都是仙人掌小姐凶神恶煞的表情。这下仙人掌小姐更火了：

“你有没有好好看我发给你的照片？”

“我看了。”

“那你怎么还拍不好？！”

“如果看看照片就能拍到那个水准，还要摄影师干吗？”这一次，大白菜先生斩钉截铁地反驳道。

仙人掌小姐一屁股坐到台阶上，一言不发。大白菜先生也跟着坐在她边上，气压低到让人窒息。

时间在呼吸之间缓缓流逝，仙人掌小姐突然站起身来，说想一个人静静，语气平静，面无表情。面对着这份距离感，大白菜先生有点儿手足无措。

怎么办？毫无头绪的大白菜先生只好一路跟随。两人就这么一前一后，从学校走到了钱塘江边。1 小时后，大白菜先生终于忍不住了，追上去，一把抓住仙人掌小姐的胳膊，问她闹够了没有。

仙人掌小姐一字一顿地说：“我真的不想和你吵架，我现在只想一个人静一静。”

说完，就像琼瑶阿姨的剧里演的那样，大白菜先生以扔沙包的姿势把水杯扔进了钱塘江，转身就走。

当晚，仙人掌小姐在微信朋友圈发了一条信息：“做自己就好。”

“做你妹！”大白菜先生突然觉得很悲凉。女朋友不仅作，还作得理直气壮，这样的感情还能走下去吗？大白菜先生决定去找豆芽菜先生聊一聊。

“我在想，她那么作，到底要不要分手？”

“我早就和你说过了，夏天是很难熬的，天一热，两人分分钟吵架。”豆芽菜先生一如既往地淡定。

“其实这类姑娘就是这个样子的，高兴的时候像天使，发脾气的时候能把你气死。我们两个人都比较淡定，淡定的人一旦生气了，就会认为是很严重的事，但对她们来说，发脾气就像吃饭一样平常。她发脾气的时候你就当她是个小孩子就好了，你何必和一个小孩子计较？”豆芽菜先生又补充了一句。

聊着聊着，大白菜先生渐渐释怀，想到自己答应过仙人掌小姐，无论再怎么生气，当天的问题要当天解决，决定收拾一下情绪，去和仙人掌小姐开诚布公地聊一聊。

“我体谅你这段时间找工作不顺，压力大，容易暴躁；我也体谅你从来没有受过这样的挫折，需要调整状态。但是，你有没有体谅过我？我上班时要处理好工作，下班后你一句心情不好，我就来陪你；你说你没吃晚饭，我就 9 点出门，给你带吃的，之后我还要回去准备考试，准备论文；你说谈恋爱应该要让两个人变得比过去更好，但你稍不顺心就冲我发脾气，这让我变得越来越暴躁。”

大白菜先生认真地说着，仙人掌小姐安静地听着，脸上满是愧疚。

“我知道，上一段感情让你很受伤；我知道，你缺乏安全感；我也知道，你特别害怕冷暴力，我不希望你再经历一次那样的感情，所以我再怎么生气还是会想办法处理好自己的情绪，然后来找你。但我希望你偶尔也能体谅我一下，我希望我们两个人能够好好走下去。”

说着说着，仙人掌小姐的眼泪就吧嗒吧嗒地掉个不停。

第二天，仙人掌小姐抱着大白菜先生说：“我昨晚做了个噩梦，梦到你不要我了，然后我一直哭，一直哭，哭着哭着就醒过来了。我知道我现在状态还不是太好，你再等等我好不好？”

“我等你。”他郑重地点点头。

## 5. 他成了她崇拜的男人，而她给他带来了家的感觉

仙人掌小姐的工作尘埃落定，大白菜先生陪伴着她度过了最艰难的时光，陪伴着她慢慢长大。有时候，仙人掌小姐还是免不了会发脾气，大白菜先生就拉着她去买榴梿或是去吃好吃的。而仙人掌小姐也懂得了体谅，情绪稍微缓和一点，就会主动告诉他，她只是肚子饿了，又或是遇到什么不顺心的事了，一旦吃上好吃的，就会像电影《泰囧》里的王宝一样笑得没心没肺。照片拍得不好看，仙人掌小姐还是会难过，但她会对蹲在地上的他说：“我委屈，你抱抱我。”大白菜先生蹲下来抱抱她，这事儿也就过去了。

大白菜先生常常能够看穿仙人掌小姐的心思，能够欣赏她的独特，能够在她困惑的时候给予指点，能够在她被虐成狗的时候给她鼓励，能够以她需要的方式回应她，包容她。仙人掌小姐也会在大白菜先生不开心的时候想办法逗他开心。大白菜先生忙的时候，她会支持他，体谅他；大白菜先生累的时候，她会去抱抱他。

渐渐地，仙人掌小姐的内心变得越来越柔软，他成了她崇拜的男人，而她，给他带来了家的感觉。

## 缓 缓 说

·
·
·

故事讲完了，缓缓君也该答题了，但在答题之前有必要搞清楚：女生为什么会作？

首先，这得从“进化心理学”讲起。

据有关资料表明，男人每小时可产生1200万个精子，而女人穷其一生可生产的卵子数量约为400个。一旦怀孕后，女人需要付出十月怀胎、母乳喂养和照顾幼儿的巨大代价，在生育这件事上，女人的付出远远大过男人。在没有婚姻制度作保障的远古时代，女人一旦遇人不淑，那她极有可能无法独立抚养自己的下一代，也就无法把自己的基因传递下去。所以她们“在进化的过程中必然存在巨大的选择压力，以便进化出察觉欺骗和防止欺骗发生的警戒心理。女性在寻求一份可靠关系的时候，她的第一道防线是增大对方求爱的代价，要求对方投入更多的时间、精力以及承诺。”

正是因为上当受骗的代价太大，所以女人进化出了一种防止受骗的心理机制，让它通过各种方式来考验男人，这也是为什么女人在面对感情的时候特别需要安全感的原因。

其次，在男人眼里，女人的“作”，可能只是因为两性个体生理特征上存在差异。

以“饿气”为例，人在饥饿的时候受多种生理因素（5- 羟色胺水平、糖分计数 - 规制反应及 Y 神经肽水平等）影响，这些生理因素都会让人变得暴躁。但每个人受到的影响程度各不相同，在饥饿时表现出的“体感不适”程度也大不相同。有些女人在肚子饿、被蚊虫叮咬、天热流汗时，会出现很强烈的“体感不适”反应，难以控制自己的脾气。

最后，男人眼里的“作”可能是因为她真的很纠结，不知道应该怎么办。

仙人掌小姐曾和大白菜先生说，当她不知道要吃什么的时候就会特别纠结，她自己也控制不住。这个时候只要大白菜先生帮她出出主意，在她说“不要吃这个，不要吃那个”的过程中，她可能随时就会找到答案。

归根结底，男人觉得女人作，绝大多数时候有两个原因：

1. 男人不知道女人怎么了；

2. 男人不知道女人要什么。

女人“体感不适”的时候，可能只是需要你包容她一下，或者带她去吃一些好吃的东西。

女人很纠结的时候，可能只是需要你帮她理理思路。

女人和你吵架的时候，只有第一句话是在和你讲道理，后面都是在关心你到底还爱不爱她。所以吵架的时候，表明态度远比讲道理更有效。

女人常常咬牙跺脚地埋怨男人不懂自己，但其实很多时候，女人自己也不懂自己究竟想要什么，她只是模模糊糊地觉得自己有想要的东西,所以需要你去摸索。可能你第一次的尝试并不是她想要的,她埋怨你，于是你又做了一次尝试，却再一次地被埋怨。此时你可以选择甩出一句“你真作”，然后转身离去，也可以选择耐着性子再多试几次。当你真正找到她想要的东西时，你会看到她眼神中的感动。

不要按照情感专家或是心理学家的条条框框去要求你的女人,她不是你的橡皮泥。试着去理解、摸索和沟通,当你能够懂她的时候,当你给了她安全感的时候,原本很“作”的她,也会愿意为你变得柔软。

女朋友那么作，到底要不要分手?

缓缓君的回答是：给彼此多一点时间和机会，即便是表面带刺的姑娘，也会有让你意想不到的温柔。

# 为什么有些女生看起来很作，身边却陪着一个好男人

## 1. 你是第一个发现我不只是“逗比”的人

大白菜先生通过浙大的论坛加了仙人掌小姐的微信，两人有一搭没一搭地聊了几句，不咸不淡。

几天后，大白菜先生闲来无事，翻看了仙人掌小姐的微信朋友圈。里头有吃喝拉撒的生活小事，有不定期出现的小女生情绪，也有不少散发着浓浓“逗比”气息的生活经历。

“穿校服的小情侣，我完全没有抵抗能力啊！”

“今天和喵大人在家里待了一整天：早上睡到自然醒，中午煮火锅，下午喝下午茶，晚上妈妈做了家乡的特色饼，超级幸福，有木有（有没有）？然后刚才我妈一句‘这把年纪了，情人节也没花收……’顿时让我觉得心头凉风习习，有木有（有没有）？我肯定

不是亲生的。”

“哎呀，果然被提问啦！老师问我，中医是不是科学。谢谢小伙伴在我说完‘其实我觉得没必要讨论中医是不是科学，有用就好啦’之后爆发的掌声，让我逃脱了被老师进一步提问的命运，吼吼。”

“从此以后，改邪归正，我要做一个娇滴滴的软妹！不要再叫我‘哥’，不要再叫我‘爷’，身高一米八十多的男生叫我‘哥’，你们这样对我，真的好吗？！从此以后我的名字叫‘娇滴滴’！”

…………

翻着翻着，有一些说不清、道不明的东西触动了大白菜先生的内心。

“愿你我在背负着沉重的人生往前走时，依然没有失去感受幸福的能力，依然保持着初衷，看清了世界却依然爱他。”

“经过一条不怎么宽但充满积水的马路，谢谢所有路过的大车、小车都把速度减得很慢很慢，以免积水飞溅。谢谢他们的礼让和笑容，我们其实被世界温柔以待。”

大白菜先生有种莫名的感动，他决定找仙人掌小姐聊一聊。

“刚才刷了一下你的朋友圈，对你挺有好感的。”

“看几张照片就对我有好感？我觉得这也是一件挺肤浅的事。”

“你以为我对你有好感，就是因为那些没营养的自拍？你还真肤浅。”

“我的朋友圈里不就是一些吃吃喝喝，没营养的内容吗？”

“刚才刷你的朋友圈，足足刷了一个多小时。我觉得你内心干净、善良，有情怀，有独立的思想，有感受幸福的能力，而且还挺机智。”

“你都没见过我，你怎么知道?！”

“这是一种建立在理性之上的直觉。”

“虽然我觉得你的理由说不通，但我竟然也无法反驳……”

大白菜先生随手从她的微信朋友圈截了一些图。

“这些信息已经足够让我感受到，你和我是同一类人。当然，我也感觉得到，你脾气不太好。”

“嗯，是脾气不好。”

“……”

“一直以来，别人都以为我是一个小‘逗比’，你是第一个发现我不只是个‘逗比’的人。”

“你内在的特质都被你的坏脾气和‘逗比’特质掩盖了，所以大多数人都看不到。”

“我昏，我竟然哭了。”

披着“逗比”外壳的人，最难得的是被人理解。大白菜先生就这样把一个素未谋面的姑娘给聊哭了。

## 2. 当“蛇精病”遇上“小逗比”

经历了一波三折，百转千回，大白菜先生终究像阳光一样，闯进了仙人掌小姐的内心。

仙人掌小姐也像大多吃货姑娘一样，总是在吃饱喝足之后喊减肥。

“不行了，我一定要减肥了。”仙人掌小姐刚吃完榴梿千层蛋糕。

“肥点好，吃得圆圆的，推着走就能领回家了。”大白菜先生脑补的却是屎壳郎。

“走开！”

仙人掌小姐有时候蠢萌蠢萌的，特别呆。大白菜先生曾听她可怜巴巴地说：“我！完！蛋！了！导师的头像跟闺密的头像一模一样，一天过去后我才发现，我看错啦！我现在简直不敢想象导师看见我回复时的表情。那画面太美，我不敢看！神都救不了我了！”

大白菜先生收到了她发来的截图，原来是导师问她毕业论文写得怎么样了，她居然回了三个字——屎一样。

大白菜先生当场就笑岔气了。

仙人掌小姐有时特别不解风情，花前月下时，对话可能是这样的：

“我爱你。”

“哦，我饿了。”

也可能是这样的：

“我爱你。”

“嗯，我想尿尿。”

说完之后就嘿嘿嘿地傻笑。

## 3.No Zuo No die （不作死就不会死）

热恋期的激情渐渐退去，仙人掌小姐用她的行动证明了大白菜先生“理性之上的直觉”是正确的，无论是优点或是缺点。

仙人掌小姐的表情特别丰富，尤其是笑的时候，很有感染力，似有一阵阳光的味道扑面而来。但同样的，她发脾气的时候也特有感染力，皱眉、瞪眼、板着脸，分分钟能把气压降到地平线以下。

大白菜先生也曾认真地思考过，女朋友那么作，到底要不要分手。

## 4. 一路失去，一路寻找

大白菜先生是一个有故事的人，他曾在最艰难的岁月里结束了和鹿小姐长达 5 年的恋情，也曾遇到过董小姐一样充满惊喜和浪漫的女人，之后又遇到了循规蹈矩、内敛温柔的好脾气小姐。

大白菜先生的青春岁月就这么兜兜转转，跌跌撞撞，一路失去，一路寻找。

一段又一段的经历让他明白，每一段感情，刚开始总是美好的，但随着激情的退去，总是会有各种各样的问题和矛盾。

大白菜先生决定给彼此多一点机会，即便要分，也该陪她走完这段最艰难的时光，或许，挺过去了，一切都会变好。

## 5. 一起走过的艰难岁月

大白菜先生常常被嫌弃，于是豆芽菜先生告诉他："我家妹子也经常嫌弃我，她嫌弃我的时候我也嫌弃她，然后就好了。你得找到和她相处的方式。"

当仙人掌小姐再一次嫌弃他品位差的时候，大白菜先生以退为进：

“对对对，据说一个男人品位的终极体现就是看他找了一个什么样的伴侣。我还真是没品位。”

“这样看来你的品位还是很好的，主要你这辈子所有的品位都用在了我身上，怪不得对其他的一切都显得那么没品位呢。”她得意地说。

仙人掌小姐嫌弃大白菜先生性子慢的时候，大白菜先生反问她：

“上次你打了几个电话催我快点过去，结果我心急火燎地到了之后，你却跑去做头发，让我饿着肚子足足等了你一个多小时。如果换成是你，你等不等得了？”

“如果是我的话，是要暴躁的……”

“对啊，正是因为我性子慢，所以才等得了你。要是像你这么急，分分钟就闹翻了。”

“你以为我心安理得啊，你等我的时候，我也会内心不安的啊！”

“那你希望我怎么办？打个电话把你骂一通，然后自己跑掉？！”

仙人掌小姐被反诘的理屈词穷，摇着脑袋，“嗯嗯”“啊啊”着耍赖，倒也不再嫌弃他性子慢了。

仙人掌小姐虽然常常嫌弃大白菜先生，但心里却铭记着他的好。大白菜先生曾和她宿舍的姑娘们一起聚餐，她的室友告诉他，仙人掌小姐整天在宿舍里念叨，大白菜长、大白菜短的，没完没了。

仙人掌小姐不发脾气的时候，他们总有说不完的话。她总是舍不得他走，两人会在宿舍楼下聊上一两个小时，而大白菜先生回家时常常已是晚上十一二点了。渐渐地，她也会心疼他说：“虽然我舍不得你走，但我怕你太累了，你还是快点回去吧，到家之后记得和我说一声，不然我睡不着。”

大白菜先生曾说她板着脸的样子杀气腾腾，仙人掌小姐点点头，很认真地说：“这个问题以前也有人提过，但我真的是没办法，我发现自己面无表情的时候，看起来就会有点凶巴巴的，所以我平时一直都是笑着的。”

大白菜先生突然想起了她朋友圈的一条信息：“关于你们提出的我脸臭的问题，我想说，虽然我天生长了一张凶巴巴的脸，可是我的心是善良的。不过我会虚心接受，勇于改正，从此以后脸上无时无刻不挂着笑容。谢谢！”

他突然理解了为什么她不发脾气的时候总是笑容满面。

仙人掌小姐最艰难、最沮丧的时候，大白菜先生总是陪在她身边。

她不敢去问面试的结果，等他在身边了，才鼓起勇气拨通电话。大白菜先生握着她的手，听她礼貌得体地回应着。电话刚挂，她的眼泪就吧嗒吧嗒地掉个不停，他把她的手握得更紧了。

“你抱抱我……”她靠在他的身上，一抽一抽地哭成了一个“傻 ×”。

## 6. 新的开始

大白菜先生陪伴着仙人掌小姐走过了山穷水尽的日子，陪伴着她经历了柳暗花明，陪伴着她慢慢地长大。她说，只要有他在，她就觉得很安心。

毕业前夕，仙人掌小姐拥有了一份自己热爱的工作，她在努力实现自己的小梦想。她依然会哭、会笑、会任性、会耍赖，依然动不动就爆粗口，但她也依然善良，有情怀，她的内心变得柔软而明媚，她比过去更加独立和自信，她常常能为生活中点点滴滴的小幸福而感恩。

## 缓缓说

故事讲完了，缓缓君又该答题了：为什么有些女生看起来很作，身边却陪着一个好男人？

答：我们很容易看到一个女生作，却常常忽略了“作女”被掩盖的那些闪闪发光的特质，这才是她能留住一个好男人的真正原因。

曾有人问大白菜先生，女朋友那么作，你为什么不分手？大白菜先生的回答很简单：因为她的优点和缺点一样突出。

一个人的优点和缺点往往是成对出现的，对大白菜先生而言，董小姐惊艳了他的时光，可他的家里没有草原，又哪里管得住她？好脾气小姐压根就用不着大白菜先生去管，她循规蹈矩，非常靠谱，可大白菜先生的内心深处却住着一个自由飞翔的“蛇精病”，他某时某刻的突发奇想对好脾气小姐来说有点惊世骇俗，两人谈不到一块。

所以，成长的过程是一个不断了解自己，进而学会取舍和满足对方的过程。

大白菜先生穿越茫茫人海，好不容易才遇见了一个能够和自己势均力敌地聊天的人，所以他很珍惜，所以他愿意用他的青春去陪伴她长大。

常常听人说，要在对的时间遇到对的人，可是你发现了没有，说这句话的人，大多都还没有遇到对的人。

什么是对的时间和对的人?

茫茫人海中两个人看对了眼，且都已经成熟到能够读懂自己、体察对方，还能解决各种问题和矛盾，这是别人家的爱情和“鸡汤”里的故事。更多的时候是，我们遇到了一个对的人，但她还没有长大，所以需要先长大的那个人停下来，等一等那个还没有长大的人。又或者，是两个人都还没有长大，于是在磕磕绊绊、吵吵闹闹中相互陪伴着一起成长。

这些相互陪伴着彼此长大的经历让我们成为彼此生命中的一部分，让我们有勇气去面对未来的风风雨雨。

幸福不过就是，你在闹，他在笑，如此相伴，携手一生。

# 第五篇

**总有一个窗口，可以看见希望**

## 感恩在岁月的当下遇见他

青春的岁月里，我们曾失去，我们曾犯错，但年轻的我们，本来就有失败和犯错的权利，不是吗？因为错过，所以珍惜，所以感恩在岁月的当下遇见了他。

有过迷恋，有过仰慕，有过追求，有过被追，最后遇到了一个优秀得不那么张扬的人，他没能踩着七彩祥云来娶你，但却温润如玉地走进了你心里，成就了一段“刚刚好”的爱情。

蓝莓小姐，22 岁，大四，就读于 Z 师大，法律专业，双子座。

在故事开始之前，蓝莓小姐曾对我说：“和优秀的人谈恋爱很重要，这会让你成为更好的自己，挖掘出你内心潜在的力量。”

### 1. 遇见谜一样的男子

高考结束后，蓝莓小姐在一次夏令营活动中遇见了苹果先生。

苹果先生并不属于多数人眼里的优秀男生，他衣着干净，头发却染成了黄色；他家境优越，却用着破旧的直板式诺基亚。有人开玩笑，说他来自某某技校时，夏令营的组长淡淡地说了一句：“他的学校可不是一般人能读的。”那便是台湾大学。

“反差萌”带来的神秘感，让蓝莓小姐的好奇心蓬勃生长。彼时，有女生追求苹果先生，她托付蓝莓小姐传达爱慕之情，而他却总是冷冷的。蓝莓小姐虽不是一名合格的红娘，却也有着敬业的精神，敬业到把自己也搭了进去。当她有意无意地和他有了交集之后，渐渐体会到他温和的话语背后潜藏着深邃的思想，一不小心就迷失了方向。

夏令营结束后，苹果先生启程去往英国，做交换生。临行时，他对蓝莓小姐说：“我的人生中还有很多事要做，当下不是停滞的时候。”他的只言片语，深深地印在了她的脑海里。

## 2. 天王盖地虎

时间悄无声息地流逝，直到蓝莓小姐的手机里收到一条神秘短信——天王盖地虎。是垃圾短信还是恶作剧？她愣了一会儿，没有去理会，此后却一次又一次地收到这条奇怪的信息。

“喂——”她拨通了那个号码，想要一探究竟，只是“喂”了好几声，对方才终于回应。

听到他声音的那一刻，蓝莓小姐的内心就像是夏天里的巧克力糖，毫无抵抗力地化在了他的光芒下。

他告诉她，这是暗号，以后收到要回复——宝塔镇河妖。

深不可测又有点矫情，可她，偏偏就喜欢这一款。

## 3. 我左手比右手反应快，你坐我左边

春节，他回国了。蓝莓小姐约了苹果先生，两人并肩在小镇里走着，走了很多很多的路。

他一路走，一路讲述着自己的求学经历，讲述东西方文化的差异，她似乎看到了一个新的世界。彼时，蓝莓小姐刚刚拒绝了追求自己 7 年的小学同学，她不喜欢他，可拒绝了之后又觉得可惜。

苹果先生告诉她："一个成熟的男生在追求你的时候就应该做好被拒绝的准备，这种后果必须由他自己来承担。而你，也必须分清楚感动和爱的区别。"

她觉得他的意见很中肯。

夜色降临，两人行至偏僻的小桥边，路灯幽暗，周边是茫茫的田野。他翻身坐在了小桥上，她有点胆怯。苹果先生看穿了她的心思，淡淡一笑，对她说：

"我左手比右手反应快，你坐我左边。"

当下，她发现自己无法抗拒的喜欢上他了。

那年她 20 岁，他曾说过的话，如今依然记忆犹新，她觉得他说的话总是很在理。你知道，当你身边有这样一个优秀的异性存在，所有的人都会黯然失色。

## 4. 只为走你走过的路，看你看过的风景

为了去看他看过的世界，她拼命努力，努力争取去台湾做交换生。

南方的小城很冷，为了锻炼口语，她清晨5点起床，去学校的亭子晨读。为了凑钱，暑假她留在了小城，自己开办辅导班。依然是清晨5点起，下午6点回，她骑着自行车穿行在国道旁的小径，两个月中暑3次。

国庆节期间，她接到了他的电话，她清楚地记得那是上午10点。

“回来了吗？”她发现他用了国内的号码。

“现在在荷兰。也没什么事，就是祝你国庆节快乐。”

她兴奋得跳了起来。当你发现你在乎的人也在乎你时，其中的欢喜，难以言喻。

在他们相识的两年后，蓝莓小姐果断申请去了台湾，去走他走过的路，去看他看过的风景。

## 5. 因为我变得不再是我，所以我只能是备胎

做交换生的日子里，蓝莓小姐发现了苹果先生对自己的感情——她只是备胎，而他有很多备胎。

苹果先生曾对她说，你处在生命的成长阶段，任何看到你的人都想拉你一把。她想，这就是为什么他会对她做这些，只是或许。

真相大白后，他们减少了联系。蓝莓小姐也曾在生活上遇到过

很多事，她很想向他求助，就像过去那样，但已没有了勇气。

有一天，蓝莓小姐终于鼓起勇气联系了他，而他却说：

“以后不要再问我的意见了，自己的思想要有力量。”

他的回绝很坚决，让蓝莓小姐有点晕眩，但也恍然大悟。两年来，他们接触的点点滴滴，他的每句话，她都记得清清楚楚，她变得不再是她自己，所以她只能是备胎。

从此，蓝莓小姐再没联系过苹果先生，只是辗转了解到他工作很棒——实习期间，老板就提出以转让股份的方式将苹果先生留下来，而他还是走了。

### 6. 老黑

老黑是蓝莓小姐大一教中文时认识的一名学生，他比她大10岁，在Z师大读MBA。

老黑来自非洲，是土生土长的非洲人。但他也非常优秀，苏黎世大学心理学专业毕业，会说6国语言，曾在西班牙的外贸公司做首席翻译，自己还出版了如何用英语学习西班牙语的教程。

当蓝莓小姐知道老黑喜欢她时，她的内心是崩溃的。

那天，蓝莓小姐、老黑，以及一位也门的英语博士一起聊天，因为老黑的英语口音太重，她很嫌弃，便忽略了他。

聊天结束后，老黑竟对她说：“我不喜欢你交别的外国朋友。”蓝莓小姐当场就惊呆了。

“我和你有半毛钱关系吗?！”蓝莓小姐当时心心念念的可是

台大的学长啊。

在台湾做交换生的时候，也曾和老黑在线上聊天，蓝莓小姐说她看到了一个新的世界，老黑却说：

“Now , you see what I have seen.（如今，你看到了我曾看到的。）

“If we can be boy and girl , we can see far.（如果我们能够成为男女朋友，我们可以看得更远。）”

吼吼，蓝莓小姐又惊呆了！拒绝！果断拒绝！可即便千般打击，老黑依旧百折不挠。

## 7. 是非题

蓝莓小姐和老黑关系的转折，源于一本小说——作者讲述了自己和法国丈夫的那些事，包括文化差异和思维差异等等。她读着读着，想到自己是不是有点太对不起老黑了，于是又主动联系了他，开启了一段“白加黑”的恋情。

交往之初，老黑便表示，希望求得她爸妈的同意，结果自然是毫无悬念。被拒绝的老黑并不死心，不依不饶，极力挽回。当时正值期末，蓝莓小姐各种心乱如麻，竟又一次糊里糊涂地答应了他。只是随着寒假的来临，她也幡然醒悟。

“如果为了我好，请不要再联系我。”她狠狠地拒绝了他。

蓝莓小姐也曾想，其实老黑真的很优秀，他家境殷实，移民加拿大，在上海开了公司。他们一起谈人类学，聊心理学，交流时间管理；他们有时候说话就像猜谜，而她乐在其中。老黑教会了她

“Dynamic”——用动态的眼光看待世界，人不能固执，不能停滞。

如果老黑是中国人，或许他们就能这么一直走下去吧。

## 8. 人间还有真爱吗

可能你会觉得老黑人不错，也可能会为他的非洲人身份而惋惜，可故事还没有结束。

老黑是在 2015 年 2 月被蓝莓小姐拒绝的，8 月他回加拿大时，还特意联系了蓝莓小姐，说要来看她。可 1 个月后，老黑竟然在北京和北大的女博士结婚了！

那个看似百折不挠、不离不弃的老黑，突然就结婚了，蓝莓小姐又一次惊呆了。敢情他是全面撒网，重点捕捞！蓝莓小姐得知真相时，内心有千万只羊驼在奔腾。

“老黑和苹果先生都是所谓的成功人士，有才华，长得也不错，很多女生想要接近，而且重点是有钱，任性。可是，人性是不能去试验的，我就是抱着试试的心态，结果成了‘被试’。你说，人间还有真爱吗？”

## 9. 感恩在岁月的当下遇到他

三宝先生是蓝莓小姐在学车时认识的，当时她正听着《南山南》。他看到她的第一眼就喜欢上了她——一见钟情，至少他是这么说的。

老黑教会了蓝莓小姐“Dynamic”，正巧三宝先生所学的专业也是Dynamic——量子力学。

可能你会笑三宝先生愚钝，因为他没有梦想，没有大的作为，就连所学的专业也不接地气儿。但他有很强的同理心，他不会停滞不前，他会把她的梦想当作自己的梦想。

“我以前觉得自己喜欢大叔，喜欢成功人士，到头来却找了一个没什么光环的人。但是，他就像块璞玉，只是尚未发光而已。”她肯定地说。

蓝莓小姐依旧喜欢优秀的人，只是三宝先生的优秀有别于世俗意义上的成功，是一种由内而外的自然散发——美好的天性，遇事的豁达，干一行爱一行的专注。

他会每天和她道“晚安”，会和她分享一些独特的观点，会在她生病的时候第一时间送药……最重要的是，他能体恤她的痛苦，告诉她路还很长，不要再纠缠于过去，所有的经历都是成长。他甚至感激她的过去，让她变成了现在的她。

“我们有很长的路要走，所以，不要爱得太凶猛，爱得细水长流一些……”据说内心深情的人往往外表恬淡，或许这便是三宝先生最深情的告白。

蓝莓小姐和三宝先生相处得很合拍，他们一起读书，相约旅行，准备一起去看看外面的世界。虽然也会有思维的摩擦和碰撞，可是他们都会用心地解决。

“前面两位都太知道自己想要什么了，走得太快，直到和三宝先生在一起，我终于可以放慢脚步地去生活。这一次，我是真的在谈恋爱，而不是活在梦里。我没有把他摆得高高在上，我就是我，他就是他。我们有很多交集，也有各自成长的空间。我很感恩在岁月的当下遇见了他。”

## 缓　缓　说

故事讲完了，且容缓缓君说一些自己的看法：

### 怎样评价女生爱慕成功人士？

“直男癌”患者总在愤世嫉俗地指责女人拜金，爱慕虚荣，而根据“进化心理学”的研究，女人在选择另一半时，会优先考虑有钱、有地位的男人，这是一种天性。所以这不是一个在道德层面争论不休就能解决的问题。天性归天性，但恋爱也是一种双向选择，男人也会有自己的选择标准。

苹果先生算得上是世俗意义上的成功人士。他家境优越，受过良好的教育；他努力上进，也很明确自己想要什么样的生活，能让周围的男人都黯然失色。可苹果先生这一“款”，最爱的往往只是他自己，他会有很多备胎，所以他只能从你的生命中路过。

朋友史小胖曾说：“女人呢，年轻的时候，对身边的暖男一般都不在乎，她们更喜欢那些能征服世界的男人。可惜她不知道，那些能征服世界的男人，也想着征服全世界的女人呢！”

## 怎样看待人性中短暂的动摇?

在蓝莓小姐和老黑的相处中，也曾出现过短暂的动摇。她拒绝老黑，又接受老黑，又再次拒绝老黑。她一度以为老黑对她念念不忘，最后发现自己才是那个“被试”的人。

缓缓君不想站在道德高地去评论什么，动辄抢占道德高地的，往往都是“圣人婊”。人性本来就有着矛盾的一面，所以当我们陷入困境时，免不了会有动摇。

千万不要在对方陷入困境的时候去考验人性，这种考验本身也是不道德的，包容人性中短暂的动摇，这比指责更有道义。

## 爱过视野广阔的人是怎样一种体验?

爱过视野广阔的人，就像是一场生命的修行。遇见他，邂逅一段风景，即便擦身而过，但也正是因着他，打开了突破自我的大门，看到了属于自己的风景，最终找到一条通往自己内心的路。

青春的岁月，我们曾失去，我们曾犯错，但年轻的我们，本来就有失败和犯错的权利，不是吗?因为错过，所以珍惜，所以感恩在岁月的当下遇见了他。

有过迷恋，有过仰慕，有过追求，有过被追，最后遇到了一个优秀得不那么张扬的人，他没能踩着七彩祥云来娶你，但却温润如玉地走进了你的心里，成就了一段“刚刚好”的爱情。

愿蓝莓小姐和三宝先生有情人终成眷属，也愿好姑娘们光芒万丈。由于蓝莓小姐是一名基督徒，我以《圣经》中的一段话作为祝福:

“凡事包容，凡事相信，凡事盼望，凡事忍耐。爱是永不止息。”（《哥林多前书》13:7-8）

## 错过的就此别过，成熟的爱总会来得晚一些

与向日葵小姐相识于朋友的婚礼，优雅、独立、自信的她，也曾有过一份执念。她约我在“漫咖啡”讲述她经历过的往事。最初，她只是希望我把故事写下来，作为一种告别和纪念，而我则希望能在故事中找到她成长的线索。

故事有点长，所以我把它一分为二，且容我缓缓诉说。

### 1.Intro

向日葵小姐内向安静，理科女，双鱼座。

橙子先生活泼烂漫，理科男，白羊座。

初见时，她觉得他笑起来阳光又可爱，而他对她的印象却是，这女孩打扮得这么靓丽，成绩肯定不好。

其实她成绩特别好，谁说“学霸”不可以有一个公主梦？而他呢，一直很调皮，常常会捣蛋。班主任把一动一静的两个人凑成了同桌，

曾经一本正经的她渐渐学会了跟他互黑，而贪玩淘气的他成绩越来越好。

毕业季，她被保送去了一所重点高中，而他也考到了另一所不错的学校。

## 2. 从前慢

高中时，写信是彼此的交集。那时的天很蓝，日子变得慢，车马邮件都慢，你来我往，缓缓地，却让人心安。

向日葵小姐会满怀期待地去买信纸，作业做烦了，只要写信就会觉得很开心。她曾在信中写了一段歌词：

你不是孤单一个人
拥有我这样一个
最好的朋友
当你感到寂寞
请你一定告诉我
我会为你唱歌

歌词没有伤感，满是阳光，这就是她的心情。

而他也曾在信中给了她一个约定：

你不会以为我又给你写信了吧！

这是数学总复习的大纲，我觉得很好，所以多要了一份。灵感来源于你曾送我的那包圣诞树，很感动，你总是时刻想到我。

互帮互助，共同进步！

坚持！心态！约定！

向日葵小姐很期盼周末，只有周日他们才可以用手机互发短信，所以每个周日她都是很迟才做完作业，还有好几晚抱着手机不小心睡着了。

向日葵小姐觉得他俩特别有缘，总能不经意间在某时某地遇见。某个周六，她从学校回家，竟在家门口遇见了他，她非常惊讶。为什么会那么巧？平时都是在信中相互倾诉，有很多话想说，可真见了面，却又轻描淡写地结束了对话。

有一次，向日葵小姐去他家玩，出门时，橙子先生却追着她出来了。

“你干吗呀？”

“我妈妈说过，要亲自送女孩子回家。”

他笑得很傻，却很阳光，她幸福地由他陪着，一起坐公交车回家，然后他再独自坐车回去。

安静乖巧的女生心里总有一个柯景腾，调皮捣蛋的男孩心里都有一个沈佳宜。其实她也分不清究竟是从什么时候开始喜欢上了他，没有直白的情话，却有温暖和依靠，这种情愫，不是喜欢又是什么呢？

### 3. 似是而非

时光荏苒，又是 3 年。向日葵小姐的高考并不如愿，去了一所差强人意的学校。两人依然在同一个城市，只是分处城市的两端。

进入了新的环境，向日葵小姐期待着自己能够有所改变，内向的她逼着自己报名参加了学生会，她希望自己能够更加活泼开朗。或许是受了她的影响，橙子先生也去学校的社团报了名。他们终于不用再你来我往的写信，她每天都能接到他的电话，两人一起聊着各自的学校，新认识的同学，分享彼此的体验。曾经被学业压抑着的感情势不可当地在她心中生长，她是多么期待他能说出那一句——我们在一起吧。可他并没有。

“他到底喜不喜欢我？

“可这样的关系分明是喜欢吧？

“如果喜欢的话为什么又迟迟不表白呢？

“是我哪里不够好吗？”

似是而非的等待，像是海市蜃楼，她对爱满怀期待，却又得不到一个确定的答案。

### 4. 有些爱说得太迟

大一的迎新会，对向日葵小姐而言是一个很有仪式感的日子。她满心期待地邀请了他，她精心地换上了一套连衣裙，也第一次穿起了高跟鞋。女为悦己者容，她想让他眼前一亮，而他却随口说了一句：“你怎么穿成了这样？我还是更习惯你穿运动服的样子。”

果然不该带有太多期待……

接近换来期望，期望带来失望。原本已没有底气的她，开始逃避，变得冷漠，甚至断绝了和他的联系。

他不知所措。

光棍节的前一天，橙子先生打电话向她表白。他曾觉得他俩的关系是板上钉钉的事，他不懂为什么她会拒绝，而她自己也不太懂。

平安夜，他又一次约了她，她犹豫了一阵子，终究还是去了。他们在西湖边走走停停，累了就坐在湖边的长凳上。

他借着天冷，执意要和她系同一条围巾；他将蜡烛摆成“心”形，一根一根点亮。

在寒冷的温暖中，在细细碎碎的光亮中，她有点迷糊，又有点晕眩，她记不清他说了什么，只是任他牵起了自己的手……

可他们的感情并没有持续很久，曾经纯粹的感情在等待中变换了季节，就像歌词中唱的那样：

我们再也回不去了

对不对

就算曾经几乎拥有幸福的完美

她还是向他提出了分手，甚至没有给他一个确切的理由，因为她自己也不懂自己的心意。

## 5. 错过的那些年

分手后，向日葵小姐还是会怀念，会不舍，会回忆。

她想起，有一次生日，橙子先生递给她一份 A4 纸包装的礼物。她回家拆开，里面又裹了一张 A4 纸，然后继续拆。拆了很久，才看到里面是一张 CD，她哭笑不得。可当时的她是幸福的，因为她知道，A4 纸的里面，会有一个确定的结果。

她想起高考结束后的那个暑假，她去深圳散心，在大街上看到一个女孩穿了一双耐克牌的彩虹鞋，她很想要。彼时淘宝还没有兴起，买东西没现在这么容易，橙子先生走遍了一家又一家的专卖店，好不容易在一家私人的小店中买到了这双鞋。他本打算在表白的时候送她，没想到却被她拒绝了。他们和好时，他把鞋送给了她，只是她穿的时间并不多。她们分手后，她把鞋子送给了一个很喜欢的妹妹。

向日葵小姐的心里一直有一个疑惑，曾经她觉得他们特别有缘，总是会在城市的各个地方遇见，家门口、图书馆、学校附近……但是自从两人形同陌路，就再也没有遇见过。她曾经以为是他们的缘分尽了，但多年以后再把碎片似的谈话拼凑起来，又觉得很多传说中的偶遇，其实是有心人的刻意安排。她想起他曾在信中说，在她家门口偶遇的那天，他在附近徘徊了半小时，还一度被门卫盯上。本来他已打算回家，没想到一回头却见到了她。

## 6.Outro

这段感情有一个美好的开头，却只留下一个匆匆的、并不完美的结尾。他和她不曾有过大力的呼喊，就默契地向左走，向右走。而向日葵小姐庆幸的是，她的青春没有很苍白。

为什么会有感慨？有执念？

“因为伤害一个很用心的人，自己也会受到双重伤害。所以我一直佩服所有相爱的人，因为大家都是承担着未来可能形同陌路的风险走到一起的。”

如今，向日葵小姐更加珍惜身边的有缘人，不管是爱情、友情还是亲情，她变得更加愿意表达爱，因为她怕有些爱说得太晚，就错过了盛开的时节。

## 缓 缓 说

·
·
·

有时候，青春年少的爱情，既不是输给了时间，也不是输给了距离，只是因为在她最需要的时候，没有得到一个确定的答案。从期望到失望，从失望到绝望，或是只是因为害怕，怕自己在对方的心里没有那么重要，于是曾经的深厚情谊，只换来一个轻浅的转身。

幸福不是储蓄罐，把期待一次又一次地存进去，等待着收获一个大大的幸福。儿时想要的玩具，曾经看中的裙子，如果错过了那个当下，便再也回不去了。

青春往往并不完美，可也正是因为这种不完美，才更贴近我们的生活。当年的我们都不知道，那些平凡的日常，会成为日后念念不忘的风景。

想起少年派中的那句台词：“人生就是不断地放下，但最遗憾的是，我们来不及好好告别。”

成长的路上，有过这么一个人，他没有用你需要的方式去爱你，你伤害了他，也伤害了自己。但这种遗憾和伤害，也会褪去你的稚嫩，让你学会珍惜，学会如何去爱。

让错过的就此别过，让执念随风而去，因为成熟的爱，总会来得晚一些。

## 总有一个窗口，可以看见希望

有些爱来得太迟，错过了盛开的时节，曾经的深厚情谊，只换来一个轻浅转身。向日葵小姐选择了去法国留学，她希望能有一个新的开始。

很多人说，留学生活其实就是学会怎么和自己相处，在打怪升级后，世界也会变得不一样。

“出国前，我可能还是会比较在意自己。因为是独生子女，身边的人都对我很好，也没有太多的人对我有敌意，总是容易高看自己。出国后遇到各种奇葩，各种不被理解，于是学会了去在意自己有没有把事情做好。经过这几年的磨炼，我现在可以很骄傲地说，我已经能很好地与自己相处，也更有安全感了。因为很多时候，安全感不是男生给的，而是找到自己的路在哪里，内心就不再彷徨。”

## 1. 诗与远方，不是想象的那样

下了飞机，几个同行的女孩把随身的物品一趟一趟地从一个电梯口运到另一个电梯口，乘着火车，缓缓去往M市。她们一路欣赏沿途风景，天更蓝，云更白，村庄更宽广。

M市是法国西北部的第三大城市，位于卢瓦尔河北侧，有着悠久的历史。才刚安顿好，大家便忙不迭地开启了拍照模式，将一组组的照片晒满微博，引来同学、朋友的艳羡。

只是诗与远方，并不是想象的那样。小学课本里有一篇课文，作者说法语是“世界上最美丽的语言”，可它也比英语更难学。学业重，上课听不懂，难以表达自己的情感，常常需要手舞足蹈、来回比画才能解围。听不懂课的时候，向日葵小姐只能在心里默念：“笨鸟先飞先飞先飞。”无助的时候，她也会向上帝许愿，问他敢不敢多派点人和她说说普通话……被孤独和无助包围的生活让她极度没有安全感。

更难以适应的是文化上的差异。因为吃鸡皮和鱼皮而遭受的异样眼光，让她明白文化融合需要的是认同而不是附和。但很多事是不可能完全得到认同的，就像向日葵小姐永远不会觉得吃鸡皮、鱼皮很奇怪，可法国人的眼神中分明透露着某种鄙夷。

为什么身处异国的人总是很想家？因为人总是需要有认同的声音。

生理期的那几天，向日葵小姐辗转反侧，无法入睡，第二天顶着一个大大的黑眼圈，硬着头皮去上课。有一次正巧赶上随堂考——

或许是因为老师娶了一位中国太太，他竟播放了北京小吃街的视频作为考试资料。当熟悉的普通话在耳边响起时，向日葵小姐有了一种时空交错的混乱感。同伴和她一起偷笑，说应该感谢师母，让考试轻松又亲切。考完试回家补觉，梦中的她装了一书包的零食，隔着远远的距离，和爷爷奶奶说：“我出去一下，玩好了就回来。”爷爷走近说：“快去吧，早点回来。”她说好，醒来时，脸上挂着两行泪。

想起曾经，天天做梦在陌生的地方搭车、漂流、爬山、钻洞，甚至幻想在天上飞，可真的在异国待久了，却总是梦见家人和朋友。小时候读“举头望明月，低头思故乡”，其实真的是一点都不明白。思乡是一种情结，虽然平时并不那么泛滥，但总在梦里和熟悉的人做着平凡却温馨的事，于是开始相信“日有所思，夜有所梦”。

半梦半醒时，常常隐约觉得周围有熟悉的人，可闹钟却在另一头嘀嘀嘀地响个不停。懊恼地按停闹钟，翻个身，想继续留在梦境，可惜稍稍睁眼，只有苍白的天花板映入眼帘。天花板上装着一盏小小的、并不精致的顶灯，提醒着她身在何处。闹钟声响起的时候，她总是很怀念家里准时响起的广播，每到报点时，就知道不得不起床了。可那时会有亲人在身边，会有热腾腾的早餐。

## 2. 阳光般的狮子座男生

向日葵小姐总喜欢对着阳光笑，而狮子座的柚子先生就像一个小太阳，为她孤独的生活带来了阳光。

柚子先生和向日葵小姐是小学同学，只是两人一个在4班，一个在3班，隔着一堵墙，他向左，她向右，6年间并没有什么交集。可两人意外地被保送到了同一所高中，分到同一个班级。彼时，向日葵小姐的心里已有了喜欢的人。3年匆匆而过，两人依然没有太多的交集。

大学竟然就这样稀里糊涂地来了，两人又回到了平行线式的生活。原以为平行线就是两条永不相交的直线，可在射影几何里，平行线也会在无穷远处相交。而对于她和他，这个距离就是地球2万里——中国到法国的距离。曾经的一次简短谈话，一次结伴而行，一次互道珍重，一次相互鼓励，早已在彼此心中种下了温柔的种子。

向日葵小姐和柚子先生都经历过一些失去，所以多年后再交汇时，彼此间有了某种心照不宣的默契。他们在网上保持着微妙的互动，从法国美食聊到西班牙建筑，再聊到同学们的八卦，话题轮转了一圈又一圈。简简单单的对话和晚安后的留言，渐渐成了彼此一天中最开心的时刻。

人生最大的幸福，莫过于发现自己爱的人正好也爱着自己。他对她说，2万里的距离，就像是小学教室的那堵墙，不用坐飞机，他依然能找到她——走出教室向右转，绕过它，就看见她安静又灿烂的笑容。生活中，时时刻刻都在上演着这样蓦然回首的故事，庆幸的是，这一次他不再是旁观者，而成了故事里的男主角，他以狮子座男生轰轰烈烈的方式对她大声地呼喊：

“也许我们相处的时间不多，但并不代表我们互相了解得不多。

“也许我们相隔的距离太远，但这在坚定的感情面前又能算得了什么？

“也许我们面对的困难太多，不只是2万里的距离和7小时的时差，可我们并非白天不懂夜的黑。

“也许我们还要等待很久很久，但就像我对你说的，一份等待酝酿着一份期盼，没什么不可能。

“也许，没有也许，因为今天我要对你大声说‘爱’。

“从此往后，再也没有也许的假设，有的只有肯定的答案。

“做我的女朋友，好不好？！”

爱情远航万里，她感动到不能自已。

连续4个月，“剁手族”的她竟然连一件衣服都没有买，无论身在何处，想的总是赶紧回家跟他视频。她也不再赖床，因为起床就能收到他的信息。即便学业特别繁重，也不再觉得苦逼，她觉得自己就像是被幸福包围着。

她会在每晚为他发一条微博，在睡前听一遍《依然爱你》，她和他一起赌一个5年的约定。

### 3. 想到的，都不是当下

暑期的实习，向日葵小姐被安排到了法国西北城镇L镇，开启了3个月的独立生活。

L镇并不那么出名，但却有着全法国都无法找到的色彩——蓝天、星空、大海、花丛，尤其是变幻的天色，简直能把人美晕。只是那时的向日葵小姐，并没有能力从容地欣赏这些美景。

因为当地劳动力的需求很低，年轻人都会选择去大城市工作，留在城镇的大多是老人、小孩，以及随处可见的小动物，处处诠释着慢生活的含义。

每天早上出门，整座城市似乎还没有苏醒过来，她只能远远地向路边的小白羊招手。晚上出去跑步，被各家的狗狗吠过，被撒娇的小猫拦截过，被一家人聚餐的场景感动过，被变幻的天色震撼过，也被汹涌的情绪洗刷过……

更无奈的是当地断断续续的网络信号，让生活显得更加孤独封闭。失联时，她总是一次又一次地在心里默念那个笃定的约定，想念他笑起来露出的 8 颗牙齿，她喜欢他这样大大咧咧的笑容。沮丧的时候，她也会思考人生，才深切地体会到——人确实是社交的动物，不能只和自己对话，而如果对话只是礼貌的寒暄，不能说到心里，那也是无用的。

法国的国庆节那天，晚上 11 点，安静的 L 镇放起了烟火。她想起了第一次和爸爸妈妈搬着一张小板凳，坐在湖边看烟火的日子；也想起逃课去烟花节凑热闹的日子……只是，她想到的，都不是当下。

## 4. 好好享受青春

在一次活动中，向日葵小姐遇见了一位优雅得体的法国老奶奶，她的腿因事故受伤，但每天依然穿戴得精致美丽。这位老奶奶的出现，改变，甚至颠覆了她对生活的理解。

老奶奶经常邀请她去家中做客，那里是她见过的最像童话世界的地方。

走进院子，能见到特意为小鸟搭建的小窝，远远地就能听到小鸟的歌唱。客厅摆放着一大一小两张沙发，小的那一张很萌。她好奇地问老奶奶，这是为谁准备的，老奶奶笑得眯起了眼睛：“为我的孙子呀。大人坐大沙发，小孩坐小沙发，我的小孙子可喜欢这个属于他的位置了。”

老奶奶教她做了一道又一道美味的当地菜，有正宗的法式焗蜗牛，最负盛名的生蚝，造型可爱的Pizza（比萨）等等。最具特色的应该是法国的可丽饼，有加糖的，加巧克力酱的，加果酱的，加冰激凌的，各式各样。而L镇的特色是咸可丽饼，向日葵小姐尝试了鸡蛋、火腿片、番茄、蘑菇、奶酪等各种组合。午后慵懒的阳光下，一杯咖啡，一份可丽饼，和老奶奶随心所欲地聊聊家常，或是望一望远方一望无际的蓝色，生活似乎也靓丽起来。

老奶奶的儿子和女儿都不在法国，所以订了无限量的国际电话套餐。老奶奶常常关切地问她，要不要给家人打电话：“你可以随意打电话给你的父母，我知道你想家。”

在国外独自生活的日子，最怕听到这样温暖的关心，当听到大洋彼岸熟悉的声音时，她的眼泪也终于止不住地往下掉。临走时，老奶奶对她说：“好好享受青春，年轻很美。”向日葵小姐在微博中写道：

“好多等待，好多好多。今天老奶奶和我说，好好享受青春，可是，这个美好的青春，我想和你一起度过。晚安。”

老奶奶还有两位好友，一位有着亚裔的血统，安静温柔；另一位是退休了的医生，风风火火。法语中对“奶奶”昵称的发音听起来像汉语中的“妹妹”，当她解释了这个发音在汉语中的意思时，3位老奶奶都乐了，她们互称对方是“我的小女孩”，就像是3个长不大的小姑娘。

“遇见了3位特别慈爱的老奶奶，看到了一个惊叹不已的家，打了免费的电话，听到了难忘的心里话。祝所有给别人带去温暖的人们都能幸福，真的，突然被各种关心包围的我受宠若惊。我想和你说，我一直会陪在你身边。我爱你。”

### 5.付出的爱，都是无声的陪伴

老奶奶精致、从容和对生活的热爱，潜移默化地感染着向日葵小姐。

向日葵小姐开始每天带着相机在小城镇兜兜转转，拍摄当地传统的房子，她觉得它们就像从童话中走出来的姜饼屋。

有时她也会随性地跳上一辆火车，去往一个陌生的地方，却偶然发现海滨的城镇是画家的集中地。

一次，路过一个花园，主人正在修剪花花草草，白色的月季在还未睡醒的阳光下，美得十分雅致。向日葵小姐在心里惊呼了一声，拍了一张照片，又怕惊扰了主人，便害羞地离去。

走着走着，她又纠结地折返回来。主人也是一位老奶奶，向日葵小姐鼓足勇气对她说：“你的花园很美。”她慢慢地抬起头，笑得和月季一样淡雅好看。老奶奶对她说了谢谢，然后絮絮叨叨介绍她的花园想怎样布置，每天在修修剪剪中获得了怎样的乐趣。

向日葵小姐突然发现，原来专注做一件事的原因可以只是简单地取悦自己，原来心里的喜欢也可以如此轻松地说出来。

向日葵小姐记录了自己的心情：

“想起牵挂着的人，总是让人温暖。想起爸爸坐在沙发上看报纸的静静陪伴，妈妈一次一次醒来催我睡觉的场景，想起你和我一样在大洋彼岸坚守着的约定，即便远隔重洋，一日又一日，但牵挂依旧。付出的爱，都是给我的无声陪伴，所以我很幸福。”

## 6. 抬头就会有惊喜

半夜，向日葵小姐满心欢喜地煮了银耳红枣汤，这时，家里的电源开关却突然跳了闸。室内找不到总闸，她便借着手机的亮光去屋外找。路灯全熄了，没有一点灯光，却也把天空映衬得特别显眼。向日葵小姐一抬头，望见满天繁星。

“好美……”她突然悟到了什么，或许每件事的发生，都会伴随着抬头就能发现的惊喜，不是吗？

想要桂花粉的时候，意外地在法国看到了桂花；想吃甜不辣的时候，吃到了甜不辣味的春卷；想吃鸡的日子，竟在超市买到了“迷你小鸡”，买回来往电饭锅里一放，刚刚好可以塞得下。

还会有好心的夫妻带她去学当地的舞蹈。他们家在小城镇的郊外，院子里种满了各种水果，一部分可以随意品尝，一部分用来制作果酱。夫妻俩有一个共同的爱好，就是跳当地的舞蹈。他们说，布列塔尼舞大概有 400 多种跳法，那天他们一口气跳了 20 种。当高矮胖瘦的人们聚集在一起，听着同样的音乐，享受那份自导自演的乐趣时，向日葵小姐看到的是——生活就在当下。

为杂志社撰稿，去葡萄园拍照的时候，连续两次赶上下雨天，终于在第 3 次遇到了难得的好天气。向日葵小姐突然觉得自己长大了好多。她告诉自己，无论在哪里，一定要相信，总会有这样的晴空。

雨天，她走在路上和朋友打着电话。雨说停就停，于是意外地，她近距离地看到了长长的彩虹。街上几乎没有人，她驻足在了这个美丽的意外中。向日葵小姐本能地挂掉了电话，赶紧拨通他的号码。因为柚子先生曾说，当你看到彩虹时，想到的第一个人，就是最在乎的人。

渐渐地，她确定了过去自己一直很不确定的一点——她有能力去经营自己的生活。

有的人是那么美好。

有的关心是那么令人感动。

有的约定是那么坚定。

有的坚持是那么温暖。

所以，即使在陌生的人流中穿梭，她也不孤单。

## 7. 有你在，真好

春去秋来，每天睁开眼，向日葵小姐依然会看到天花板上那盏小小的、并不精致的顶灯。透明的窗帘也遮不住清晨投射进来的直直的阳光，只是窗外的那一排青葱大树，从绿色变成了黄色，然后被盖上了一层白白的雪。春天，它们又开始发芽，渐渐地长成了她刚来时的模样，如此这般，一年又一年。尽管一直是身处异国，但就像他说的那样：

“即便不在身边，你也陪着我度过了每一个重要的时刻。有你在，真好。”

她回国的日子快到了，柚子先生开始掐着时间生活，就好比电视剧里，当剧情开始变得明朗，连背景音乐都欢快了许多，似乎路上遇见的人都在冲着你微笑，仿佛也为你感到高兴，生活就是这么奇妙。

回国的那天，5 点的班机，天色已亮，东方是从红色到黄色的渐变，而西方是从紫色到粉色的变幻。也许生活也如此，每个阶段都有不同的色彩，但最终，都会回归到一片蔚蓝。

## 缓　缓　说

·
·
·

异国恋是一件特别辛苦的事，一句留言，一段对话，可以用千万种情绪来解释。思念的情绪常常会让人不知所措，衍生出无数的低落和不安。这一切，原本只需要一个温暖拥抱就可以解决，可对于异地的恋人来说，能维系的，仅仅是一个笃定的约定。

庆幸的是，向日葵小姐和柚子先生都完成了自己的独立成长，一起走过了3年半的异国时光。如今，曾经说的话，做过的事，都成为牵手漫步时的话题，写在了彼此的心上。

我们总是希望能够随心而动，仿佛到过“诗与远方”便能够证明自己很优秀，便能够轻易拥有自己想要的生活，但兜兜转转、跌跌撞撞后才终于明白，自由与否，不在于诗与远方，而是取决于心灵的自由和对美好未来的向往。

当我们处于特别绝望的时刻，往往会以为自己走不出去，但生活不会因为谁的矫情而停滞，所以能做的，只是像向日葵小姐一样，走一步，再走一步，直到有一天终于发现，只要知道自己的路在哪里，内心就不会彷徨。

无论当下多么黑暗，请相信，总有一个窗口，可以看见希望。

# 滚蛋吧，白细胞

几个月前，我曾以为白血病（也称“血癌”）离我的生活很遥远，直到创立了“缓缓说”，写了一些故事之后，陆陆续续有 3 位读者和我讲了有关白血病的亲身经历，给我带来了很大的震撼。我想把他们的故事记录下来，姑且称之为“白血病的 2 种打开方式和 3 种结果”。

“那天坐在车里，看到了你和蘑菇小姐的故事，想起了很多以前的事，眼泪不自觉地往下掉。我想和你说说我的故事，希望缓缓君可以把我和他远逝的回忆用文字保存下来。”

——松仁小姐

## 1. 再也吃不到的松仁玉米拌饭

19 岁那年，玉米先生遇见了松仁小姐。

当时他坐在电影院第 4 排，靠近过道的位置上。就在电影开场前的10分钟，松仁小姐匆匆进场，在他的旁边坐下——中长发，稍微带点儿卷，发梢拂过他的脸，是伊卡璐洗发水的味道。

虽然看的是一部恐怖片，可电影开始后不久，松仁小姐竟靠在玉米先生的肩膀上睡着了。散场后，松仁小姐笑着问，电影讲了些什么，脸上带着几分羞涩和抱歉。两人就这么一路走，一路聊，临别时互换了手机号码。

一周后，玉米先生家隔壁搬来了一位姑娘，他透过门上的“猫眼”，看到了似曾相识的身影，想起了伊卡璐洗发水的味道。

玉米先生尝试着拨通了那个号码，紧接着，眼前的这位姑娘果然拿起了电话。他赶紧打开门，嘴角泛着笑。松仁小姐就这样顺理成章地去他家蹭了饭。从此，玉米先生家的餐桌上便多了一双筷子。

1个月后，两人正式确定了关系。

玉米先生像大多数木讷的男生一样，不会哄人，他对松仁小姐的关心常常是“你吃饭了吗？”“早点睡吧”，以及有的女生很讨厌的那句“多喝热水”。

玉米先生和松仁小姐有过一次激烈的争吵。那天，玉米先生和客户喝到了烂醉在马路上。松仁小姐迟迟等不到他回家，手机又打不通，竟顺着他上班的那条路一路寻找，终于在中途找到了他。

据说喝得烂醉的人会很沉，他身高1.86米，体重70公斤；她身高1.63米，体重48公斤。家里没有电梯，她用了各种推、拉、拖、拽的方式才把他弄回家，照顾了他一宿。

一夜的担心和疲倦化成了满满的委屈，第二天一早，她对他发了脾气。玉米先生工作不顺，压力大，情绪躁，就和她吵了起来。

正当两人气急败坏、面红耳赤地想说分手时，她的肚子咕噜噜地响了，于是玉米先生就去给松仁小姐做了她最爱的松仁玉米拌饭。

“我先吃，吃完再接着吵。”

吃着吃着，她的眼泪就不停地往下掉。

“我要是和你分手了，是不是以后就吃不到你做的松仁玉米拌饭了？”她顿了顿，继续说，“看在拌饭的面子上，我就不跟你吵了。”

从那之后，每次吵架，他都会给她做松仁玉米拌饭。

玉米先生算是半个驴友，喜欢四处走走；而松仁小姐是半个“学霸”，翘课无数却从不挂科。那些年，他们一起去丽江，去西藏，去新疆，几乎走遍了大半个中国。

西湖的月夜，玉米先生用蜡烛摆了一个很大很大的爱心，然后对松仁小姐说：

“小妞，你现在可以吻我了。”

那是他第一次给她过生日。

丽江的古城里，松仁小姐趴在玉米先生的怀里说：

“最美的月色，是在你怀里看到的那一丝月光。”

他搂着她在古城坐了一宿，结果两人光荣地感冒了。

可就在他们从新疆回来的路上，松仁小姐发了高烧，鼻血不停地流。玉米先生带她去医院做了检查，结果诊断为白血病。在她知道结果的第二天，从 14 楼跳了下去，只留给玉米先生两个字——安好。

“我们在一起 3 年零 3 个月零 3 天。

“我记得她一直用伊卡璐的洗发水，我记得她喜欢皮卡丘的公仔，我也记得她吃面包只配草莓味的果酱，还有她只喝黄桃味的优益乳。

“她不喜欢穿牛仔裤，不喜欢吃丝瓜、南瓜，还有红豆，每晚睡觉之前一定要抱抱，不然她会害怕。

“这些我都记得，可是又有什么用？我文了她的属相在右臂，文了她的名字在后心，这些都是她存在过的痕迹。

“都说时间会冲淡一切，可是一年过去了，我觉得以前的每一天都是故事，后来的每一天都是噩梦。

“她的微信一直都在我的手机上，有时候会对着她的微信说好多话，然后再一条一条删掉。最怕的是每年的圣诞节和情人节，马路上都是我和她的影子，我只能把自己关在家里。再也没有出去玩的激情和念头，身体就像被撕开了一样，牵挂都不见了，什么都不见了。”

“我觉得再也找不到能够放下我这块肥皂的肥皂盒了。”这是玉米先生对我说的最后一句话。

## 2. 再也跟不上他的步伐

“你好啊，缓缓君，看到你那篇《路还很远，我想试一下永远》，我又哭了好久。你的文字很暖很暖，看得人很舒服。其实我本来也是一个温暖的人，喜欢听别人的故事，喜欢帮助别人，同时也在偷偷地让自己变得更好。或许我现在并不需要安慰，也不想被熟悉的人知道我的挣扎，只是现在这个阶段，我需要倾诉。如果你打算写我的故事，就叫我橙子好了。”

橙子小姐读研三的时候，认识了低他一届的菠萝先生，然后便一发不可收拾。由于身材、性格、爱好、优缺点都很适合，他们认定彼此就是那个对的人。

原本，橙子小姐和菠萝先生都属于强势的人，直到遇到了对方，都变成了更好的自己。菠萝先生情商极高，极其坦荡，两人在一起，不用掩饰任何心情，相互一个表情就能明白对方的心思。

橙子小姐刚签了A市的工作，而菠萝先生本科毕业后已在B市工作两年，他每个周末都会去大学城找她。有一天晚上，菠萝先生借着酒劲，用小胡茬儿扎着她的脸说：“你来我这边好不好？我养你。”

“我一直都是一个内心强大的人，从来没有想过要靠男人养。但第一次听到他说要养我的时候，整个人都化了。”

菠萝先生在B市的事业发展很顺利，收入也比橙子小姐高一些，考虑了两个月后，橙子小姐去了他所在的城市。由于错过了招聘季，她暂时先签了一份普通的工作，等待更好的机会。

橙子小姐放弃了公司的宿舍。为了和菠萝先生住在一起，她宁愿早起1个小时，坐公交车去上班，来回奔波也不觉得累。

那年他俩26岁，都只谈过一场青涩的恋爱，遇到的也都是完整的、让人惊喜的对方。他们相信，只要一起努力工作，一起努力生活，一切都会越来越好。

没有出轨，没有劈腿，他们都属于认定了眼前人就不会再看别处风景的人，但是结果让人意外。

工作两个月后，橙子小姐查出了白血病——急淋B型，多发于儿童，儿童的治愈率很高，但成人的治疗效果很差。

“做了太久的看客，等事情真的发生到自己身上的时候才明白，原来从来没有什么‘感同身受’。就像今天新闻里说，一个留美学生被枪杀，大家往往会感叹美国真乱，但很少有人会往更深一点去想，想想失去了19岁女儿的父母的心情。”

一切来得太突然，第一次做化疗生不如死。橙子小姐暴瘦了20斤，整个人像鬼一样，她发誓，有生之年，决不减肥。住院期间的心情每天都会有所不同，有痛苦，有感动，但更多的时候，她希望自己可以一直睡着，不用去想或者去面对现实。

菠萝先生每天都会过来看望她，他的父母没有阻拦。

橙子小姐的2015年几乎全部耗在了医院，化疗的过程很痛苦，但结果还算不错，6次化疗之后，她在10月顺利地办理了出院手续。

医生说，以后每半年化疗一次，3年不复发的话，复发率就很低了。橙子小姐很开心，如果不复发，再调养几年，就可以回到正常的生活了。虽然肯定会短命，但她已然很满足。

出院后，橙子小姐送妈妈回了老家，自己依然留在B市，每周抽血复查，然后全职做饭。这期间，她考过了执业药师考试，导师甚至还帮她介绍了一份轻松的工作。她打算过完年就去上班，一切似乎又恢复到了从前的美好模样。

然而，3个月后，白血病复发了，橙子小姐必须接受移植。

橙子小姐和哥哥配型成功，医生都说她很幸运，但她自己或许并不期待。

“急淋 B 移植需要进一步放疗，会失去生育能力。之前也见过移植后的病人，全部惨不忍睹，生活质量很差。我无法接受自己在不到 30 岁的年纪就要被退休的父母永远照顾，成为哥哥的累赘。我们本来就是普通的工薪家庭，前面的化疗已经花掉了所有的积蓄，我也不愿再消耗父母和哥哥的未来。

“但是生活就是这样，我没有勇气杀掉自己，就像父母和哥哥没有勇气放弃我一样。我在做第 7 个化疗，未来会怎么样还不知道，我还是希望自己能够睡着，不想去面对。

“那些所谓的得了癌症就不治了，或者去旅行，去完成心愿，都是健康人的口号。等真的生病了，莫说是去旅行，有时连下床都是奢望。

“至于他，这辈子已是有缘无分，我们不会在一起了。因为我们的默契是建立在两个人具有同样的气场之下的，现在的我再也跟不上他的步伐，时间久了我们就会越离越远。作为内心骄傲的“瓶子”（水瓶座），我也不允许自己输得那么难看。”

值得欣慰的是，橙子小姐对我说的最后一句话是，“我男人来陪我吃饭啦”。

## 3. 我就是想努力地活着

“很喜欢椰子先生的故事，跟我的故事有点像，又有点不像。这世界上，‘愿得一心人，白首不相离’的故事，有时候离我们很近，有时候离我们很远。”

作为一名面临毕业的“小硕”（硕士），秋葵小姐凭着自己黑白颠倒的奋斗，早早完成了论文，拿到了银行的 Offer，身边还陪着相恋了 8 年的韭菜先生。一切看似尘埃落定，爱情、事业都有了，美好的人生即将开启。

当她还沉醉于自己编织的美梦时，却意外地发现自己身上经常会有乌黑的血块，得了感冒也久久不好。最初，秋葵小姐并不在意，可异乎寻常的疲惫感让她决定去医院查个究竟。

秋葵小姐去学校医务室做了血常规检查，医生惊呆了：连续抽血两次，每一次都是白细胞极高，是正常人的 15 倍；血小板指标只有 3，而正常人一般有 100，医生初步诊断为急性白血病。

拿到化验单的时候，秋葵小姐的手无法抑制地颤抖着，内心无比恐惧。自己是如此年轻，还没结婚，没有生小孩，还没实现梦想，怎么可以就这样死掉？恐惧吞噬着秋葵小姐，她焦虑地抱着韭菜先生，任由他拽着她去大医院复查。途中，她无数次地想逃走，无数次地对自己说：“不要去医院，去了就会是无止境的治疗。”

韭菜先生坚定地拉着她去了医院，按部就班做化验，医生却叫来了她的家人。那一刻，她知道，她真的病了。

秋葵小姐被确诊为急性髓细胞白血病，因为血液科的普通病房没有床位，她被直接送进了 ICU（重症加强护理病房）。十几个医生护士围了过来，把她按在床上，测血压，测血氧，做了一系列检查，还为她带上了人生中的第一根住院带。紧接着，她听到的是七嘴八舌的议论：“这么年轻，这么高的学历，真是可惜了。”

因为重症加强护理病房有规定，不允许家属进入，所以，在

ICU 的三天三夜，她就那么一个人度过，没有人可以陪伴，没有人可以说话，每天就只是打针，然后一个人放空自己。躺在病床上，秋葵小姐也曾在心里默默念："打死你个白细胞，让你给我长那么多；拍死你个血小板，还不给我快点长！"

病房内的人在哭，病房外的人乱成了一锅粥。老妈哭了三天三夜，老姐痛斥命运不公，老爸坚信是误诊，韭菜先生一脸恍惚……

血液科的病床非常紧张，姐姐和姐夫费了九牛二虎之力，才弄到一张病床。一进病房，全家人紧张又慌张地围了过来，各种安慰，各种心灵鸡汤。可秋葵小姐其实并不需要这些，因为她的人生已不再是选择题，而是必答题。

主治医生带着两个年轻的实习医生走过来，其中一个有点儿帅，还是她的责任医生。

秋葵小姐在心里感叹："帅的总比不帅的好。"

医生们也在不断地惋惜，好像只有她自己一个人明白，惋惜没有用，有用的只能是自己的坚强！

住进了血液科，医生张罗着要给秋葵小姐做骨穿，而噩梦也就此开启……

秋葵小姐毫无心理准备地走进了骨穿室，只见小小的一个房间，挤着三四个病人加五六个医生。责任医生告诉她，不要看，看了会怕。秋葵小姐是属于胆小型的，小时候打个针都怕，何况是骨穿。她吓得连眼睛都不敢睁开，只记得有种电钻一样的东西往骨头里钻，沙沙作响。好在责任医生很有爱，一直逗她，让她忘记了到底有多痛。她忍不住睁开眼看了他一眼，好帅……

骨穿的结果还不错，M2a型白血病，算是白血病里较为轻微的一种。那时的秋葵小姐还傻乎乎地以为大家都差不多，殊不知不同的型号，病情不同，换一种型号，痊愈的可能性就少之又少。

定了病情，就要计划做化疗。在秋葵小姐的印象中，电视剧里做化疗的过程都非常痛苦，貌似还要在一个黑乎乎的洞里进行。她心里充满了忐忑和恐惧，无时无刻不在害怕。但是医生对她说，化疗就和打吊瓶一样，只是药性很强，需要插一根管子，叫PICC。为了减轻痛苦，家人商量后，决定置管。秋葵小姐被推进了手术室置管，看着护士拿了一把锋利的刀，心里无比恐怖，索性闭眼。然后就是消毒，麻药，置管，包扎，等她反应过来时，已经完事了，可以看到的只有很大的伤口以及很多血。

紧接着是去拍片，看看管子有没有插到位。因为血小板低，秋葵小姐只能一直卧床，不能走动，于是她躺在病床上，被推去了拍片室。可病床只能推到门口，距离拍片的地方还有十来米，秋葵小姐不得不下床自己走过去。好久没走路了，秋葵小姐摇摇晃晃地走着，感觉好轻飘，好奇怪，左右看一下，周围没有一个人，只听到医生让她抱着仪器。

抱着，抱着，然后觉得，“哇，好黑”，就这么晕倒了……醒来的时候，一个很帅的医生抱着她，掐着她的人中。秋葵小姐花痴地说了一句：“好帅……”老妈冲了进来，面色慌张，秋葵小姐却依然不忘和老妈开玩笑说：“这样都没有死掉，估计自己是不会死掉了。”殊不知，此时的父母有多忌讳“死”这个字。

因为住院，血小板低，不能洗头，秋葵小姐不得不将她的及腰长发都剪掉。曾经的她，那么爱美，爱及腰的大波浪长发，每天必穿高跟鞋，出门一定画淡妆，无论什么季节，都喜欢穿上漂亮的裙子，冬天也不过披一件大外套，永远都跟着时尚走。如果过去的她，看到病床上的她，该会有多崩溃？可有时候，人生就是不得不承受那么多难以承受的东西。

记得韭菜先生曾说：“待你长发及腰，嫁我可好？”只是回过神时，秋葵小姐已成了娃娃头。彼此，秋葵小姐心里还想着，只要好好活着，头发还会再长，没啥了不起。

第二天，医生查房的时候说：“咦，昨天那个姑娘，怎么不见了？换人了吗？”秋葵小姐在心里偷偷笑了好久，嘲笑他就这眼力见儿，还怎么做医生。可她不知道的是，她和韭菜先生之间的感情就像那满地的头发，说断就断。那个信誓旦旦要陪她走一辈子的男人，那个口口声声说不愿意抛弃她的男人，那个曾经说她是他的精神支柱的男人，就这样，因为现实，因为各种原因，离开了她。

“其实，他的离开，我并不诧异，因为是人之常情。可是他离开的时候，却还是让我不禁感叹：原来，七八年的感情也不过如此；原来，这个世界真的很现实；原来，只有我一个人最傻！只有我认为，感情容不下势利，也敌不过现实！

“没有道德绑架，没有任何指责，我只是觉得，想当年我的家境、学识、长相也还算非常不错，那么多人围绕着我，但我依然坚贞不渝地守着那份爱情，可最后，他却以非常难看的姿态离开了。

“但我依然还是很幸运的，因为我娘曾对我说，只要还有钱，有供者，你就可以好好活着。在我最艰难的时候，我说要花太多钱，不移植了，我姐夫就跟我说：‘你觉得100万很多，可再多的钱也没法跟你比。’”

“经过了3次化疗，配型，移植，现在我康复得很好。有关心我、爱我的家人，有支持我的朋友，真的已经很美好了。”

“如果你要写，我可以把自己的感受告诉你。”秋葵小姐对我说，“谁也不知道将来会怎么样，我就是想努力地活着。只要有机会，就已经很好了，我依然是一个乐观的“妹纸”，我还有大把的时间能够好好生活，我还是会继续追寻自己的梦想，只要每天开开心心就好。”

## 缓　缓　说

·
·
·

听到过玉米先生情到深处的哽咽，看到过橙子小姐曾经眉清目秀的照片，感受过秋葵小姐劫后余生的喜悦，但就像橙子小姐说的那样，其实并不存在真正的感同身受，无论我以怎样的心情记录这些经历，都无法真正捕捉那些无处安放的情绪。我能做的，唯有尝试着去体恤苦难和理解每一个人。

每个人都有自己的难处，每个人都是自己生命的作者，所以我尊重不同的选择。但选择不仅仅对自己重要，对爱着自己的人一样很重要，甚至可能会更重要。

所以，无论遭遇了怎样的波折，无论做出怎样的选择，我们都该对爱着自己的人和自己爱着的人好好地做一个交代。

或许生命中会有很多的猝不及防，或许生命中有很多的无能为力，但既然我们以美好的姿态出现在别人的生命中，那么也该以体面的姿态从别人的生命中离去。

愿逝者安息，愿生者安好；愿身处困境的人能在灰烬中点燃希望，愿岁月静好的人能珍惜当下时光。

感谢故事中的那些不离不弃，这为悲伤的故事带来人性的温度。

感谢故事中的那些勇敢坚强，这让悲伤的故事有了生命的闪光。

就像电影《滚蛋吧！肿瘤君》中说的，“经历过，爱过，坚强过，战胜过自己，有过这些过程，才算没有白活过。要记住，爱与被爱是这个世界上最重要的事情”。

# 第六篇

## 放不下回忆，就像冬天离不开被子

# 和我在一起的你，每一天都是笑眯眯的

荔枝哥：李智，天津大学工科男。

西瓜妹：刘慧，天津医科大学学医的“妹纸”。

西瓜妹对我说，希望我把他们的故事写下来，让她男票(男朋友)高兴高兴就行。可我分明觉得，她是希望借着我的笔，向男票(男朋友)表达自己内心的想法。

## 1.工科男都很呆萌吗？

西瓜妹喜欢笑眯眯的男生，当然，前提是长得帅，不然就太猥琐了。

当年，闺密阿梅把西瓜妹拉去天津大学遛弯，其实是想给她介绍对象。同去的还有荔枝哥和路人甲。阿梅心里想着，路人甲同学话多，活泼，应该会是西瓜妹的菜。结果出人意料，西瓜妹只看了第一眼，就被荔枝哥笑眯眯的样子迷住了——双眼皮，大眼睛，睫毛长长的。

路人甲同学是个自来熟，为了打（勾）破（搭）尴（妹）尬（子），便给大家讲了荔枝哥的悲伤往事。

据说荔枝哥在大一时，高等数学没考好，心情低落，便约了一个女同学吃夜宵。当时月黑风高，女同学突然抓着荔枝哥的手说：

“李智啊，我想找个男票（男朋友）。”

“行啊，你找去吧。”

荔枝哥一脸呆萌。西瓜妹笑得不能自已，以为他不喜欢这个姑娘，可荔枝哥却来了一记神补刀：“我对她挺有好感的，当时是真没明白她啥意思。到大三了，我才想起来，她是不是有别的意思啊。”

工科男都这么呆萌吗？反正这不重要，西瓜妹在心里对着一万头羊驼呐喊：“这就是我的菜啊，是我心水（喜欢）的那款工科男啊！！！”然而，作为一名傲娇的“妹纸”，要矜持。于是西瓜妹表面不动声色，但一回学校就磨着阿梅帮她加了荔枝哥的微信，然后迫不及待地看完了工科男所有“逗（装）比（X）”的朋友圈。

都说眼睛是心灵的窗户，真虚伪，不就是看上人家长得帅嘛！至于路人甲同学，看看名字就知道结局了。

## 2. 很多勾搭都是从美食开始的

西瓜妹和荔枝哥有一搭没一搭地聊着，直到有一天，荔枝哥说：“我记得以前去你们学校吃饭，可乐里总有股消毒水的味道。”

“这难道是要约饭？”西瓜妹心里想着，便继续试探，“想吃好吃的啦？我们学校新开的窗口有羊肉泡馍、鸭血粉丝……哦，那家麻辣香锅也不错。下次你来，没准能喝到有福尔马林味道的酸梅汤……”

说着说着，西瓜妹不知道哪跟神经搭错了，突然来了一句：“你想吃好吃的，是不是想家了？没事，哪天想吃好吃的了，来找我。”

两人就这么愉快地勾搭上了。

## 3. 请叫我“广场舞女神”

为了不吓跑男神，两人刚在一起时，西瓜妹可矜持了——吃饭吃一丢丢，喝汤不出声，走路也慢吞吞，荔枝哥还真以为她是个淑女。可是，隐瞒身份，封锁技能，真的很辛苦的，你“造”（知道）吗？

直到有一天，“天大”的校园广播里播放了筷子兄弟的《小苹果》。听到欢快的节奏，西瓜妹再也忍不住了，直接从荔枝哥的自行车后座上跳了下来，边走边跳，展示出了“广场舞女神”的风采。

在路人一副“这个神经病是哪来的”眼神中，荔枝哥推着单车，疾步遁走。西瓜妹一把抓回了他，非让他说出自己哪里跳得好，哪里跳得不好。荔枝哥一脸惶恐，满脸写着：我怎么找了这么个神经病！

当时，荔枝哥以为这已经是极限了，直到有一天，他在实验室拨打了西瓜妹的电话，那边传来的彩铃声竟然是《葫芦娃》！这件事对荔枝哥打击甚大，以至于他后来建了一个歌单，名字叫“小慧的铃声”，里面有《黑猫警长》《小糊涂神》《葫芦娃》《蓝皮鼠和大脸猫》……

## 4. 我也是个有原则的吃货

关于吃饭，两人的对话常常是这样子的：

“你想吃什么？”

“随便。”

“我们去吃烤鱼吧。”

“烤鱼太油。”

“那去吃驴肉火烧，怎么样？”

“我不喜欢吃那个。”

“那你想吃啥？”

“吃鸡公煲。”

“好，那我们去吃鸡公煲。”

“哎呀，别每次都吃我喜欢吃的东西，你也说说你想吃啥啊！”

…………

西瓜妹是个有原则的吃货，原则就是想吃啥就吃啥。

## 5. 你的女神竟是高圆圆？我保证不打死你

荔枝哥喜欢女神高圆圆，已经到了没羞没臊、不知羞耻的地步了。说高圆圆最美也就罢了，居然还在午睡故事中出现了这样的段子：

“白雪公主的后妈，即恶毒的王后，她有一面神奇的魔镜，能知道谁是最美丽的女人。有一天，王后问魔镜：‘魔镜，魔镜，谁是世界上最美丽的女人啊？’魔镜说：‘我尊贵的王后啊，世界上最美丽的女人是高圆圆，然后是白雪公主……’”

本来西瓜妹都快睡着了，听到这个，笑得睡意全无。

## 6. 宝宝啊，你什么时候才能长大

两人在一起半年后，西瓜妹去导师所在的医院实习，荔枝哥依然每天按时去实验室。

从学校到医院，坐公交车的话，一个往返差不多要 5 个小时。每个周末，荔枝哥都从市里坐车来看她。夏天很热，冬天很冷，有时候荔枝哥周五过来，到她住处时已经是晚上 9 点多了，还没吃饭，就在小区门口买点大饼、鸡蛋之类的食物充饥。

每次收到荔枝哥要来的消息，西瓜妹还没来得及回复，脸上已挂满微笑，一边开心能见到他，一边心疼他坐车的劳累。

西瓜妹习惯早睡早起，每天都要睡午觉，荔枝哥习惯晚睡晚起，睡不睡午觉无所谓。每个周日，西瓜妹都想和荔枝哥一起去超市，一起做饭，一起睡个舒服的午觉，可是荔枝哥早上总会睡到十一二点，等睡醒，吃完午饭，西瓜妹又该睡午觉了。午觉醒来，荔枝哥又该回去了。

没有一个周末，荔枝哥是轻轻松松回去的，西瓜妹撒娇、耍赖、哭闹，无非想他多留一会儿。冬天的傍晚，屋外一片昏暗，西瓜妹实在不想一个人待着，就死死抱着荔枝哥的大腿。抱抱、亲亲、讲故事，讲道理都没用，最后荔枝哥只能推开抱着他的大腿的西瓜妹，叹口气说：“我的小宝宝啊，你什么时候才能长大啊！”

## 7. 爱情再美好，临近毕业也烦恼

爱情再美好，临近毕业也烦恼。真的是“宝宝”长不大吗？其实是“宝宝”心里苦啊，但“宝宝”不说。

荔枝哥的老家在安徽，而西瓜妹来自甘肃，两人能在一起，其实也是缘分。最初，西瓜妹的家里人并不要求她毕业后去哪里定居，可后来，家里人开始慢慢施压，非让两人以后去西安。

两人恋爱之前，西瓜妹的爸妈就已经花掉了全部的积蓄在西安买了房，他们的想法是，有了房，女儿毕业了就有地方可住，到时候就算男方没房，小夫妻婚后也可以先和老人住在一起，算是有个保障。可荔枝哥的专业在西安不好找工作，而西瓜妹是学医的，如果不考虑家人的想法，去哪都无所谓。

在一起的时候，两人总会刻意避开以后去哪的话题，可毕业的日子越来越近，西瓜妹不知道荔枝哥会做出什么样的决定。

“我很怕以后不能跟荔枝哥在一起，也很怕看不到荔枝哥笑眯眯的眼睛。

“有时，我会突然想，要跟着荔枝哥走，他去哪，我去哪；有时，又会没有这样的勇气。离开待了七八年的城市，离开家乡，去一个陌生的地方，真的能行吗？

“昨天我莫名其妙地对荔枝哥说：‘以后我不在的话，给我做过的菜，不能给别的女生做。’其实，我是想说，这辈子，只有我，能跟你牵手拥抱；也只有我，能被你搂着睡觉。困了，就钻到你怀里，摸你的脸；睡不着，就让你给我讲故事，揉头发……”

“以前我说过，感情最多变，所以能在一起的时候要好好珍惜。现在我想说，我真的想一直都跟你在一起，想一起做饭、洗衣、收拾屋子，想生个小宝宝，叫“李虾饺”还是“李怂怂”都无所谓。”

“我最想的是，和我在一起的你，每一天都能笑眯眯的。”

## 放不下回忆，就像冬天离不开被子

爱情这件事，选择比努力更重要，因为你永远叫不醒一个装睡的人。可是我们依然会舍不得放下记忆中的美好，就像冬天里我们舍不得离开被子的温暖。只是，如果你不起床，又怎么开始新的一天？

### 1.缘起

荔枝小姐和桃先生是高中校友，两人就读于同一所高中。她是纯正的文科生，而他则是美术生；他随手的一幅涂鸦，她一辈子也捣鼓不成。

两人相识，缘于高二，那时桃先生是荔枝小姐同班同学的男朋友，他常常会来她的教室。虽然两人从未说过半句话，但荔枝小姐依然对他印象深刻，因为他明明有着一张干净的脸，却刻意留着杀马特的发型。后来女同学和他分了手，荔枝小姐便再没见到过桃先生。

高考后，荔枝小姐轻松地考上了佛山的一所高校。开学不久，前男友就提了分手，分手的理由她一辈子也忘不掉——每个螺母都有一个配套的螺帽。

荔枝小姐的回复只有 4 个字——分手快乐，从此转身成了路人。分手后，荔枝小姐一直都是一个人，一个人看书，一个人吃饭，一个人做兼职赚钱，一个人过完了大学的第一年。

2014 年 12 月，桃先生通过两人的共同好友加上了荔枝小姐的 QQ。她问他为什么突然加好友，他没回，只是各自“躺”在彼此的好友列表里。12 月 13 日，陈奕迅来佛山开演唱会，一穷二白的荔枝小姐没能买到后排的低价票，却不经意看到了桃先生在空间晒出的 3 张门票，还说因为公司聚餐而将票送了人。

荔枝小姐是陈奕迅的铁杆粉丝，看到这条信息心里一阵窝火：“送人也不送我一张！”

“你又没问我要……而且我也不知道你喜欢陈奕迅呀。”

荔枝小姐这才意识到自己的唐突，再看了一眼 QQ 栏里他的备注——XXX 男朋友，自知理亏，又有点羞愧。不过从那以后，桃先生有事没事就会找她闲聊。

荔枝小姐并不太喜欢自己所学的专业，毫无经济头脑的她，整天都在宏观经济学、微观经济学中摸爬滚打，也没个了断。而桃先生天性洒脱不羁，高三的第二个学期便离开了学校，原因仅仅是觉得没意思。当她耗尽脑力依然解不出数学题的时候，他“百度一下”，便轻松找到了答案；当她浑浑噩噩混过一节又一节课的时候，他做着悠闲的工作，却也拿着不低的收入；她过着眼前的苟且，听他谈论诗和远方的生活。

寒假，荔枝小姐留在北院校区做兼职。那里原本就是个鸟不拉屎的地方，同学大多已经撤离，荔枝小姐几乎是一个人住一整栋宿舍楼，唯一相伴的是夜间星星点点的几处灯光。空荡荡的学校让人倍感孤单，桃先生一条又一条的消息成了她的陪伴，每次听到手机响起，她都会莫名兴奋。

桃先生每天都会问荔枝小姐晚上吃什么，最初，荔枝小姐会一五一十地告诉他，直到有一天，她忍不住问：“为什么你每天都要问我吃什么？”她以为桃先生会说，我怕你不好好吃饭，可他的回答却是：“我不知道今晚吃什么，顺便问你一下。”荔枝小姐喜欢上了他的真诚，或者说，荔枝小姐是因为喜欢上了他，所以才觉得他真诚。

在站台等公交车的夜晚，桃先生对她说：“不想你一个女孩子这么晚下班。”

他是在心疼我吗？荔枝小姐的心里甜甜的。

“友达以上、恋人未满”时的关心总是最甜蜜。

不出意外，桃先生对荔枝小姐表白了。在他第三次表白时，她接受了他。

## 2. 一起回家

快过年了，荔枝小姐和桃先生约定一起回家。时隔3年，再度相逢，她有点慌张。桃先生一早就在车站等着她，身边还坐着他的表哥，荔枝小姐便坐在了他俩的对面。

桃先生起身，在她身边坐下。荔枝小姐心跳加速，耳根发热，却故作镇静地将头靠在他的肩上。他自然地牵了她的手，拿过她的大拇指，按住了手机上的 Home 键，说：“以后你不用输密码就能解锁我的手机了。”荔枝小姐红了脸，满满的幸福从心底溢到了脸上。

桃先生点开了歌单，拿出耳机，分了一个给荔枝小姐戴上。他让她点一首歌一起听，她选了日本歌手手嶌葵的一首安静的歌。两个人都没有说话，十指紧扣，在春运嘈杂的候车厅里一起听着来自岛国的声音，仿佛与世隔绝，只有她和他。

表哥起身，准备上车，荔枝小姐这才知道，原来他不和他俩同车，心里暗自高兴。待表哥离开，桃先生神神秘秘地打开了包包，掏出一个精致的盒子，打开，拿出了一块手表，戴在了她的手上。

荔枝小姐注意到了他脸上羞涩的笑容，自己也跟着笑了起来。她正疑惑，他怎么知道自己的手表在前几天坏掉了，桃先生却说：“是你说的啊。”

“天哪，我自己都忘了我说过这话，他却放在了心里。”女生总是会被实实在在的行动所感动。从那天起，荔枝小姐总是戴着这块表，若是偶尔忘戴了，心也像是一起被丢掉。

荔枝小姐的家庭并不和睦，即便在春节，爸妈依然会吵架。桃先生会带着她出门兜风，骑着摩托车跨越 3 个镇。他说他不会说什么安慰的话，但他会陪着她。

## 3. 异地恋

大二下学期，荔枝小姐依然在“北院”上课，桃先生在临近的城镇上班。荔枝小姐每个周末都往他的住处跑。她最怕坐 211 路公交车，每到周末，无论是出发还是返程，站在车上，什么也不扶都不会倒，因为周围塞满了人，想倒都没地方可倒。即便如此，荔枝小姐还是会捧着自己亲手煲的汤，艰难地挤进人堆，心里却满是幸福。

桃先生很少带荔枝小姐出门吃饭、逛街，两人大都是在他的住处买菜、煮饭、看电影，看的还都是她之前从未看过的科幻片和动作片。有时他也玩玩游戏，她则睡个午觉，日子过得简单舒适。

有一天，在他送她回学校的路上，桃先生突然对荔枝小姐说：

“都是我不好，委屈你了。”

“怎么啦，好好地干嘛说这个？”

“我明明知道只有周末我们才能见面，可我却在玩游戏，没有好好陪你。”

“没关系，能陪着你就好。”荔枝小姐突然觉得他并不像表面上看起来那么幼稚，也会替她着想。

“你真好。”桃先生笑得很灿烂。

四月的一个深夜，荔枝小姐莫名地醒来，睁着半只眼睛看时间，却惊讶地发现，几分钟前有一条未读信息。她点开信息，是桃先生发来的，短信很长，内容很多，大意是他想照顾她一辈子。她激动得睡意全无，回信叫他早点休息。后来她才知道，桃先生大半夜的不睡觉，打字，删除，再打字，再删除，翻来覆去一个多小时才发出了这条短信。

几天后的周末，荔枝小姐突发高烧，桃先生 24 小时在旁照顾。迷糊中，她看到他坐在自己身边，紧皱着眉头，左手握着她的右手，电脑屏幕上是关于怎样退烧的页面，心里暖暖的。那晚，他照顾她吃饭，帮她擦身，等他自己洗完澡睡觉，已是半夜 1 点多。幸好有他在，荔枝小姐很快便恢复过来，第二天还带上他参加了班级的春游。后来回想起来，那是她和他唯一一次离开住处去旅行。

桃先生邀请荔枝小姐搬去和他一起住，说是为了能更好地照顾她。荔枝小姐虽然没有答应，但依然乐不可支。她想着，一定是上辈子拯救了整个宇宙，这辈子才能遇到桃先生。

桃先生换了工作，压力大了，休息少了，每天还要忍受来回路上拥堵的交通，可他依然会在每天下班后给荔枝小姐打电话。一想到他每天回家后还要独自买菜做饭，她心疼的不行。她很想住到他的身边，即便只是给他煮煮饭。

6 月 18 日，荔枝小姐和桃先生买了一对豚鼠。豚鼠又叫荷兰猪，于是他们给大的那只取名叫“大猪”，小的就叫“小猪”。养了一阵子，她发现大猪特别喜欢打架，又特别傻，干脆就给它改名叫“傻傻”；小猪安静一点，瘦一点，经常被打，他们给它改名叫“队队”。

荔枝小姐和桃先生有空就逗它们玩，每天都把它们喂得饱饱的，每次买菜还会特意带上一份生菜——那是傻傻和队队的加餐。

## 4. 我照顾你

大二的暑假，经管学院即将从北院校区搬到学校本部，荔枝小姐便把行李放到了桃先生的住处，开始了暑期实习。

可上班的第一天，荔枝小姐竟从很高的楼梯上滚了下去。摸着口袋里仅剩的 200 块钱，荔枝小姐向桃先生求救。他立刻给她转了钱，但因为一时走不开，荔枝小姐独自去了医院。

等待包扎的时候，一个不长眼的男人一不小心踢到了她受伤的脚，那个疼呀，直钻心。就在这时候，桃先生满头大汗地出现在医院。他说他是逃出来的，等会儿还得回去上班，等下了班马上再来医院接她回去。她连连点头，竟忘了痛。

等待的时候，荔枝小姐的爸爸打来电话，叫她坐大巴车回家。可她哪里还走得了路？

桃先生知道后，毫不犹豫地发短信回复：“别回家了，留在这里我照顾你。”

望着屏幕上“我照顾你”这 4 个字，荔枝小姐的眼泪奔涌而出，完全顾不上形象。

泪眼婆娑时，她想起自己拐着脚走到医院大门口，回头发现出租车司机还没走，一直望着她走进医院才离开。因为下车时，司机问她有没有人接，她倔强地说有。

她想起自己刚进大门就遇到一胖一瘦两个药剂师，恰巧她们中午有空，赶紧推来病床，带她去找医生拍片。

在她觉得自己被家人遗弃的那一刻，桃先生的一句话，卸去了她的铠甲，直达她心中最柔软的部分，眼泪如暴雨倾泻而下，再也收不住。

养伤的时候，传来了闺密离世的噩耗，荔枝小姐哭成了林黛玉。桃先生一直陪着她。整个八月份，她每天就是绣十字绣，看书，看电影，买菜做饭，等桃先生下班，那便是她一天的全部生活。

## 5. 在你怀里的那一刻，我就可以不哭了

搬校区后，住宿费贵了不少。

桃先生对她说："干脆别交了，反正我又不会赶你走。"

荔枝小姐忐忑地对学校撒了谎。辅导员要打电话向家长确认，于是她偷偷地把桃先生的号码备注改成了"老爸"，拨通后将手机交给辅导员，就这样蒙混过关。

那天起，荔枝小姐和桃先生算是正式同居了，那笔住宿费也在往后每个月柴米油盐的超支中花掉了。她没有给自己留后路，她相信他不会赶她走。

荔枝小姐每天一上完课就匆匆忙忙地往菜市场跑，因为她要先回家买菜做饭。公交车坐 4 站，往回走一段路便到了楼下菜市场，煮好饭差不多就到了桃先生回家的点，那样他就能马上吃上热腾腾的饭菜。两人吃得开心时，桃先生会吐槽老板太脑残；她偶尔也会抱怨课程太沉闷。那时的他们，都觉得生活其实也就这么简单，平凡又温暖，于是两人又开始不断地往家里增添新的家电。

荔枝小姐会和快递小哥一起把冰箱从 1 楼扛上 5 楼，等冰箱落

地后，自己也累得差点倒在地上。可亲手插上插头后，她又会满心欢喜，屁颠屁颠地跟着桃先生下楼去买一大堆饮料和水果，塞满整个冰箱。

荔枝小姐会和房东阿姨一起抬着2米长的电脑桌上5楼，重得她分分钟想死掉；荔枝小姐会一个人跑遍电脑城，只为了把桃先生的笔记本电脑卖个好价钱，然后自己添补一点钱，趁着“双十一”入手一台新电脑。

《小王子》的故事里，狐狸曾对小王子说：“如果你在下午4点来，从3点钟起，我就开始感到很快乐，时间越临近，我就越来越感到快乐。”

荔枝小姐每天最快乐的时光是煮着饭等桃先生回家的那一段时间，她觉得无论未来会发生什么，自己都愿意陪在桃先生身边，她喜欢和他待在一起的感觉。

桃先生喜欢玩《英雄联盟》，这已经是很久的习惯了。以前说起女朋友不让男生玩游戏的话题，荔枝小姐说自己无所谓。她并不是装出来的，是真的觉得无所谓。

“哪个人没点儿自己的爱好，没点儿自己的消遣方式啊，我觉得你玩游戏时，我待在旁边看看书，玩玩手机，那就挺好。我爱你并不是想要改变你，你做你自己就好。只要是你，无论怎样的你我都爱。难道不是这样吗？”

他们在一起的日子，桃先生会在玩游戏的间隙转身和她说说话，荔枝小姐看到热点新闻时会和他分享。每隔几分钟，她会看看他的侧脸，她一样觉得很安心。

有一次，荔枝小姐将头靠在桃先生的胸前，突然心血来潮对他说："我哼一句话，看你能不能听懂。"他说好。她乐滋滋地"哼唧哼唧"了几下，他听完后毫不犹豫地应答她："老婆，我也爱你。"她大声惊讶："你怎么知道的？"他得意地说："我就知道。"她在心里乐开了花。

有一次，两人闹了别扭，荔枝小姐一直哭，一直哭。原本桃先生已微微入睡，但可能听她真的哭得太厉害了，便突然起身，将她搂入怀里，瞬间的温柔让她即刻停止了抽泣。第二天一早，她对他说："我知道，无论我为什么哭，在你怀里的那一刻我就可以不哭了。"

## 6. 两个人在一起，怎么可能会没有摩擦

荔枝小姐有轻微的洁癖，交往之初，荔枝小姐在桃先生出门上班时，忍不住花了半天时间把他的厨房认认真真地清洁干净。大扫除完成后，荔枝小姐心里一阵痛快，同时又恍然大悟："呀，我是要安静复习线性代数的啊。"

荔枝小姐习惯睡前一定要先洗澡，当桃先生第一次对她说有点累，想赶紧睡的时候，她的内心其实是拒绝的。但她还是答应了他，因为看到他疲惫的模样，她特别心疼。

桃先生也会吐槽荔枝小姐睡觉的时候爱磨牙，当他看到豚鼠睡觉磨牙的照片，会特地转给她，说她就像它——肉多，爱赖床，又磨牙。荔枝小姐看了照片，忍不住嘀咕，"哎呀，好像说得也没错呀"，

一脸笑盈盈的样子。

两个人也会时不时地惹对方生气，大多数时候，都是荔枝小姐在认错。吵得最凶的一次，让两人差点分了手。

有一次，荔枝小姐贪玩，和室友去看了电影，桃先生问她在哪，她却说在图书馆。

他知道后对她说："分手吧，我最讨厌的就是谎言！"

荔枝小姐第一次知道失去是什么滋味，哭着在电话里求了他很久很久，同时也隐隐约约听到他抽泣的声音。后来，她追问他那晚上是不是也哭了，他没从正面回答，但那次吵架后，她再没对他没说过半句谎话。

## 7. 可乐放久了会没气泡，爱情也是

可乐放久了会没气泡，爱情的荷尔蒙也会随着时间的流逝灰飞烟灭。

荔枝小姐和桃先生习惯了边吃饭边看电影，就好像这样吃饭会更香一样。曾经，荔枝小姐只喜欢看爱情片和文艺片，后来在桃先生的影响下，她看了很多《钢铁侠》一类的美国大片。

可电影总会有看完的时候，慢慢地，荔枝小姐发现桃先生不过是陪着她又看了一遍而已。可她偏偏还是个脸盲，在众多的肌肉猛男中，多次混淆了主角和配角，有时也很难理解电影究竟在表达些什么。看不懂的时候她都会问桃先生，问的次数多了，他开始嫌弃她笨。

曾经，荔枝小姐和桃先生无聊时都会拿起对方的手机刷微信朋友圈。他也告诉过她，有一个喜欢他的女生最近发来几次“晚安”，她在心里挥刀,“剁”了那女孩无数遍,但又相信桃先生是属于自己的，别人抢不走。

可渐渐地，桃先生吃完晚饭后便只顾着自己玩游戏，两人互动越来越少，也少了把玩对方手机的闲情逸致。直到有一次，荔枝小姐像往常那样拿起了他的手机，桃先生凑过来看了一眼，又一言不发地转身玩他的游戏。

可第二天，她毫无防备地听他冒出一句：“以后不准拿我手机！”她的心口如同被重重地锤了一击。因为全心全意信任他，荔枝小姐从来没有想过要查他手机，要问他行踪，可桃先生却还不依不饶地继续：“你翻我手机想知道什么？不信任我可以分手！”

“昨晚我只是随便翻翻，真没什么意图。”她努力解释，他一脸冰山。

有一次，荔枝小姐想去帮他调整手机的闹钟，大拇指按住Home键，却发现再也无法解锁，她的心里满是失落。

桃先生对荔枝小姐表现出了越来越多的嫌弃：她和他说话，他变得越来越敷衍；她买错了肉丸，他会冷冷地甩出一句“你自己吃”；她来“大姨妈”的第一天，他不会再挽起袖子收拾东西；她哭的时候，他不会再将她拥入怀里。

荔枝小姐算不上是聪明的女生，但也不会连这些变化也察觉不到。

“可能在他的眼里，我就是那个什么都不懂也不会用脑子的人，是那个二十出头却什么也处理不好的人，一无是处。”

即便桃先生对她不管不顾，荔枝小姐还是会在第二天醒来时主动向他承认错误。并不是因为她觉得自己做错了，只是因为她怕失去他而已。

“喜欢一个人，会卑微到尘埃里，然后开出花来。”这是张爱玲送给胡兰成的话，只是最终，她的爱情输得很凄惨。

爱得太卑微，关心会变成麻烦，陪伴会变成打扰，真心会变成负担。

从桃先生不爱和她说话开始，荔枝小姐“愚蠢”的形象就在他心里渐渐强化，分手只是时间问题。桃先生用了一年的时间，过完了他承诺的一辈子。

## 8. 变的不是我，而是你在我心中的分量

桃先生叫她搬走时，荔枝小姐强忍着没哭，在朋友的帮助下收拾了行李。可当出租车驶离桃先生的住处时，她想到这辈子再也不会踏进这条街，再也不会见到这个人，终于按捺不住，哭得稀里哗啦。

桃先生让她带走那两只荷兰猪，说他不养，于是荔枝小姐带走了傻傻和队队。桃先生说过要照顾她一辈子，陪她走完人生；荔枝小姐说过要照顾傻傻和队队过完它们的整个“猪生”，但他们都食言了。每次荔枝小姐看到傻傻和队队吃得很香，就会想起桃先生拿着菜叶逗它们玩的场景；每次她给它们洗澡，就会想起桃先生帮傻傻和队队洗澡时的样子；每次她看到傻傻和队队打架，就会想起原

来没变的只有它们。

就像她不敢带走他送的手表，不敢买他们常喝的酸奶，不敢带走她绣的那幅 2 米长的十字绣，不敢听他喜欢的歌一样，荔枝小姐不敢把傻傻和队队留在自己的身边。她为它们物色了新的主人，反复叮嘱了饲养的方法，最终依依不舍地送走了它们。

桃先生提分手时，荔枝小姐的第一反应是对他说了“别冲动”3 个字。可桃先生却说，自己早就已经想好，还冷冷地对她说：“你已经不是以前的你了。”

其实荔枝小姐从始至终都没有变，只是他在她心里的分量变了而已。

刚在一起时，荔枝小姐也曾小心翼翼，不过那些日子她脸上还总是挂满微笑；交往大半年后，桃先生的一句“不是很久很久，是要你做我这辈子的老婆”，帮她给他们的关系打了一剂强心针。他渐渐让她有了安全感，她放下了防备，愿意在他面前哭，在他面前闹，可最终却换来了他的一句，“你已经不是以前的你了”。

## 9. 分手后，我变成了你曾经的样子

荔枝小姐曾是一个分手时和对方说完“分手快乐”便转身离去的女生，可她没办法对桃先生说出这句话。可能是因为从未预想会分开，所以分手后控制不住的“死缠烂打”也是荔枝小姐没有彩排过的。

分手后，荔枝小姐卸载了一直在用的“酷 X 音乐”，装上“X

易云音乐”，每次听歌时都会翻翻评论，看看别人的想法。因为桃先生说过，他有时会在这些评论中看到很搞笑的段子。

荔枝小姐不经意间看到，自己穿着袜子就套上了人字拖，大摇大摆地走来走去，突然惊觉：这是桃先生的习惯，她曾经笑他为什么要这样为难袜子。

即使桃先生已经离开她的世界，但荔枝小姐的生活中处处都是他留下来的影子，就像余春娇说的那样：“我很想忘记张志明，但是在不知不觉中我变成了另外一个张志明。”

## 10. 你知道我还在等你吗

桃先生曾说，分手后可以继续做朋友，但荔枝小姐做不到。

“如果我能做到，那只能证明我没有爱过他。”

再后来，荔枝小姐答应不会再找桃先生，只是她有时也会有意无意地问起他的消息。

有一天，荔枝小姐和朋友去影院看了《叶问3》，走出影院时，朋友对她说：“第一次见到有人看武打片都能哭得稀里哗啦。”

荔枝小姐笑笑，没说话。电影里，叶问一家坐着吃饭，妻子张永成伸手对叶问说“我帮你装饭啊”的那一瞬间，荔枝小姐的脑海里马上浮现出了她和桃先生吃饭时的场景，这是分手前她每天对他说的话。

“分手快3个月了，能想起来的，却大多是他的好。在我闺密离世、我自己又摔伤的那段日子里，桃先生见到了我最狼狈的样子；

在我哭得不像人样时，他紧紧拥我入怀，没有放开我的手。这些我仍然感激。

“我知道，随着时间的流逝，朝夕的相处，双方的坏习惯和缺点都会暴露出来，只有互相包容，相互体谅，才能修成正果。所以，我心里有包容他、体谅他的觉悟，也有认真地站在他的角度去想问题。我不知道他知不知道我这些想法，但我真的有信念和觉悟。我相信，如果足够爱，真没有不合适一说。

“我想每天和桃先生一起吃饭，只要是他就可以。可最痛的是，我不知不觉中把他融进了我的生活里、血肉里，而他却要离开，还让我不要疼、不要哭。

“如果说我有不甘心，那就是我努力去融入他的生活，他却不想让我再靠近；是分手时我说别冲动，他却说一早就已想好；是我想陪他过完这辈子，他却轻易地放弃了我。

“或许到最后，我们要找的不是轰轰烈烈、刻骨铭心的爱，而是一个不会离开的人。”

荔枝小姐去祭拜闺密的那天晚上，做了一个梦。梦里她跨过了一扇门，看到桃先生同时从另一扇门踏入，两人都停下了脚步。时间停顿了几秒，她对他说：“你知道我还在等你吗？”

他的脸上露出了微笑，没说话，牵起了她的手。

这梦真好。

# 第七篇

## 和过去握手言和

## 他说，“你是一匹野马，可我的家里没有草原”

故事开始之前，董小洁对我说：“这是一个被相识 12 年、恋爱 4 年的初恋男友劈腿的故事。我并不确定这个故事有多长，甚至不知道有没有勇气讲完这个故事，所以将故事的大概说在了前头。如果你感兴趣，那么倒一杯酒，我把我的故事说给你听。”

### 1. 过去

董小洁，女，天秤座。

宋小野，男，处女座。

董小洁和宋小野是初中同学，最初并不熟识，他们命运的纠缠开始于初二，他成了她的前桌。当时还没有“逗比”这个词儿，但宋小野一直做着“逗比”做的事。那些讲不完的话，偷偷传着的纸条，都无关暧昧，仅仅是一些吐槽、贬损的玩笑话。

中考结束，董小洁顺利考上了当地最好的高中，宋小野不出意外去了一所普通高中。刚开学的时候，他偶尔会给她写邮件：班里的女生都不够美；没人和他吵架，他不习惯；运动会时走方阵被嫌弃，影响班容……都是一些无关紧要的琐事。

高二，各自都有了手机，他们开始了频繁的短信和电话，有着说不完的话，讲不完的八卦。

那些年，董小洁坚定地认为，宋小野和她的想法一样，把对方当作最好的哥们儿。直到很多年后她才明白，有些人，注定要陪你走一阵子。

## 2. 初恋

董小洁高考失利，去省会杭州读了一所普通高校，而宋小野去“魔都”（上海）念了专科。他来看过她一次，依旧是没心没肺，天塌下来也不在乎的样子。

他们一起吃饭，一起看电影，一起散步，宋小野装作不经意地牵了她的手，她想挣脱，却被拽得更紧。董小洁依然记得他微微发热的掌心和自己不知所措的心情。一直以来，她的身边都不乏追求者，她也有过对爱情的幻想，可她幻想中的那个人，应该是踩着七彩祥云的至尊宝，是披荆斩棘的勇士，是气吞山河的英雄……不管怎样，都不该是那个普普通通的宋小野。认真回忆两人在一起的缘由，却也不过是那次半推半就的吻。

大二，董小洁和宋小野开始了他们人生中的初恋。两人虽然是异地，却也保持着每个月见面的节奏。甜蜜的日子，他们也会每天煲电话粥，像大多数情侣一样，事无巨细地报备着当天的生活。

只是在董小洁的圈子里，很少有人知道她和宋小野谈恋爱的事。不是她觉得他不够好，而是因为两人的共同朋友太多，怕发生什么事情分了手，太丢人。

宋小野曾对她说："我知道你从小父母不在身边，所以会特别没有安全感。"但他对她的敏感心思依然无计可施。董小洁能懂他的无力，却依然收不住自己的情绪。

宋小野算不算一个合格的恋人？他不会说甜言蜜语哄她开心，也不会玩浪漫；他不懂她的小情绪，也不够体贴周到。但他会叫她"宝宝"，会为她掏耳朵，会把她喜欢的菜留给她，打不通电话会着急上火，开车的时候喜欢一只手握着她的手……

他们都曾以为会这样过一辈子，从校服换婚纱，从校园到婚礼，然后一起完成初恋到结婚的童话。

## 3. 争吵

大三那年寒假，董小洁和宋小野有了第一次严重的争吵。

董小洁的父母很多年前就来到杭州打拼，董小洁也是为此填报了这座城市的高校。宋小野追她的时候，曾答应过她，毕业后来她所在的城市，可直到那天他才透露自己的心思——他打算一毕业就回老家。

董小洁并不是不喜欢老家，而是不能接受他故意的欺骗——他不能为了哄她而去编织一个根本不打算去兑现的梦。

"宋小野，我们分手吧，你知道的，我最讨厌被欺骗的感觉。"

“宝宝，对不起，我不是有意要骗你，但是我不这么说你就不会答应跟我在一起。”宋小野慌了神，过来抱她。

“你这样对我公平吗？你明明不打算做，就不该承诺！”她推开他，对他吼。

董小洁也记不清最后是怎样结束了这段对话，只记得最后他们抱在一起，大哭一场。

再后来，他们不断地分手又和好，直到他毕业后回了老家，而她则为考研做着准备。

董小洁的心里是有打算的，她默默地给宋小野、给他们这段关系一年的考验时间，做好了随时撤离的心理准备，只是没想到，最后主动告别的却是他。

## 4. 分手

2015 年，董小洁和宋小野在一起的第 4 年，也是最后一年。当时她正读研一，他们在 4 月刚见了双方家长，却在 5 月底分了手。

争吵后冷战是董小洁一贯的作风，她以为这次会和之前的每次一样，只要宋小野先低个头，他们就能回到从前。可是这次，他没有，而按捺不住的人成了董小洁。她极少先开口，却还是开了口，可宋小野却没有像以前一样哄她，只是说累了。

“那是什么意思？是要分手吗？”董小洁追问。

“……”宋小野默认。

“你是不是有其他女人了？”凭着女人的第六感，她下意识地追问。

“是。” 电话那头的宋小野只回了一个字。

“谁？”一时间，天旋地转，指尖发抖。

宋小野发来一张他和那个女人的合照。董小洁的眼泪一下子就涌了出来。她和宋小野在一起 4 年，唯一的合照却是初中毕业时的集体照。

被劈腿的女人都能瞬间进化成福尔摩斯，当晚，她找了宋小野的死党，辗转问了很多人，终于知道了新欢的名字和微博账号。只是，那又有什么用？董小洁睁着眼睛等到了天明。她非常希望这是一个梦，可把自己的大腿都掐紫了，也没能从这个噩梦中惊醒。

完全不知道该怎么办，董小洁拨通了妈妈的号码，可她除了哭，已经说不出任何话。挂了电话，董小洁约了朋友喝酒，求他帮她想办法，求他教她怎么做。

“我知道我脾气不好，可我都是嘴硬心软。从小爸爸妈妈就不在我身边，所有人都告诉我要独立坚强，这些年我看似都做得很好，可你们不知道，其实我经常半夜做梦哭醒，枕头都湿了一片。所以，我不会撒娇，也不会服软。”

“我知道的，我知道的，我都知道的，你就是太要强，唉……”朋友一遍遍地安慰她。

在董小洁的人生中，那是哭得最惨烈的一次，在公共场所，哭得完全不顾形象。不知道哭了多久，也不知道喝了多少酒，最后朋友把她送回了家。董小洁的爸妈在楼下等着她，见到她时，妈妈也忍不住落泪。

“原来天塌下来的感觉是这样的，不要说未来，我连明天都没有办法面对。”董小洁回想那时候的自己。

## 5. 挽回

宋小野劈腿，董小洁的回应是挽回，连她自己都没有想到，像她这么要强的人，面对背叛竟然还要去挽回！她不停地给宋小野发信息，将他从初中开始发来的邮件又统统回复了一遍，不断跟他回忆着他们认识的 12 年和恋爱的那 4 年。宋小野虽心有不忍，态度却很坚决。

最后一次见面是 2015 年 6 月 20 日，董小洁和宋小野在车上聊了很久。他告诉她，以前每次闹分手，他都会很难过。他买醉，她不知道；他焦虑，她不知道；他整夜整夜地失眠，她也不知道。

“我知道你优秀，你骄傲，你一直都是高高在上的灯塔，我也认清了驾驭不了你的事实。可是，我累了，不想等了。”他顿了顿又说，“我不喜欢你了。”

所有的所有，都敌不过一句“我不喜欢你了”。董小洁将宋小野送给她的东西一样一样摆到他的面前。

“这是儿童节你给我买的杯子，这是我开学你送我的书包，这是你去旅游给我带的护身符，这是……”说到最后，她泣不成声，只是求他不要分开。

“董小洁，你别这样，这不是你。你是一匹野马，可我的家里没有草原。”

他叫她“董小洁”，不再叫她“宝宝”。

宋小野把董小洁送到了小区门口，她久久不愿离去。哪怕她心里多么清楚，她和他已经走到了尽头，却仍不愿意相信，他就这么离开了她。

“最后一次了，让我看着你走。”宋小野说。

董小洁往前迈了几步，还是忍不住回头。他站在幽幽的路灯下，灯光忽明忽暗。到最后，还是换成她看着他走，他没有回头。

她和他，真的完了。

## 6. 方向

分手后，董小洁再也没有见过宋小野。

有人说宋小野性子温和，董小洁性格刚强，但他们不知道，她曾不止一次地用别人的号码打电话给他，只是为了听听他的声音。

很长一段日子，董小洁看似像往常一样生活，去实验室打卡，去健身房做瑜伽，去商场买衣服——在外人看来，她依然是品学兼优的好学生，是听话懂事的乖乖女，是生活健康的好青年，可只有她自己知道，她年轻的身体里藏着一颗不再滚烫的心。她会在大街上莫名地痛哭，会每天翻他和新欢的微博，然后被回忆折磨到失眠。

2015 年的下半年，董小洁相过三次亲——有钱的，有才的，还有一个长得帅的，却都无疾而终。失恋不可怕，可怕的是陷入自我否定和畏惧逃避。虽然她常对身边的姑娘们说，“不是我们不够好，是他们配不上”，但还是免不了隐隐心虚。

某次酒会，董小洁遇见了一个老外，他也曾有过一个相恋5年的前女友。老外对她说：

“两个在一起的人，刚开始都是朝着同一个方向迈进，可是到后来，你们不同的取舍，会导致你们去往不同的方向。你是抓不住一个跟你背向而行的人的。”

“你还爱你的前女友吗？”董小洁问。

老外只是笑笑，喝完了杯中剩下的酒。

## 7. 希望

“我从不觉得宋小野了解过我，或者是完全了解了我。他能看到我独立背后的脆弱，骄傲覆盖下的懦弱，却不知道我花了多久的时间去认识和接受自己。我将自己的棱角磨掉，将刺都拔掉，我把所有的光芒都收起来，只是为了和他现世安稳。宋小野一直觉得在我们这段关系中，他处于弱势，从来都是我说什么就是什么，可他不知道，其实那些不过是我的患得患失和虚张声势。”

宋小野不知道董小洁的患得患失和虚张声势，就好像大多数男主、女主并不知道,故事会有一个猝不及防的开始和天各一方的结束。

董小洁就像大多数奋斗中的姑娘一样，想通过自己的努力去看看更广阔的世界，而宋小野只是一个有着平凡成长经历和安逸内心的男人，这样的他注定了只适合过平淡安稳的小日子。并非董小洁是一匹野马，而是宋小野跟不上她的速度，到不了她的世界。

无论经历怎样的绝望，生活都不会没有希望，就像董小洁对我说的那样："我曾对宋小野说过，你欠我一个人生。那时我以为我这辈子再也不会好了，会活在回忆里无法自拔；我也以为我再也不会谈恋爱了，更谈不上结婚了，但现在看来，我恢复得还算不错。"

无论经历怎样的绝望，生活依然可以充满想象，就像董小洁对我说的那样："我也想和周迅、高圆圆、孙俪、姚晨、贾静雯这些天秤座女人一样，遇到一个对的人，就像天秤座的蘑菇小姐遇到缓缓君一样。我还想趁着老去之前好好爱一个男孩儿，把我忽明忽暗的小脾气和1800种坏毛病都毫无保留地展示给他看。我想有一个人不再离我而去，他可以陪我去看更大的世界，也愿意治好我的伤口。请他真诚，善良和耐心。"

无论经历怎样的绝望，爱依然会在心中生长，就像我自己经历的那样：不断地得到又失去，失去又寻找，满身风雪过后终于遇到了眼前的姑娘，她让我回到了青春年少。

很多人从我的生命中经过，就像一列又一列的火车与我擦肩而过。我只是一个讲故事的人，但我希望身陷低谷的人依然保有一颗温暖的心。我希望努力奋斗的人能够实现自己小小的愿望，我希望绝望中依然会生长出希望。那些经历过的人，经历过的事，就让他们像花儿一样，在岁月的角落静静地绽放。

"Life is too short，living in the moment 。"（人生短暂，活在当下。）即使受伤，你也要去爱，你要认真去爱，你认真做好自己，好运气会来找你，他也会来找你。

## 女追男，难圆满

“把故事讲出来，是想要做一个最后的告别。”

——狐狸小姐

### 1. 手控

狐狸小姐，女，大三，就读于远离市中心的一所二本院校。

大雄先生，男，研究生，就读于同一个城市的某 211 院校。

2015 年的 11 月，狐狸小姐刚从驾考、实验报告和体能测试的“肆虐”中幸存下来，想要出去浪，闲（man）来（xin）无（qi）事（dai）看了一眼高校交友平台，还真有男生关注了她。

大熊先生的简介里赫然写着“手好看”3 个大字，而狐狸小姐偏偏是一名手控，无法自拔。为了看看这好看的手，狐狸小姐果断加了他的微信。

## 2. 遇见

如狐狸小姐所愿，大熊先生的手还真的很好看，而他本人的照片也挺养眼。再仔细看了看，大熊先生前一天才注册了这个平台，狐狸小姐此刻“直男附体”，单刀直入地约了他去看电影。

大雄先生很体贴，说女生单独坐车不安全，主动提出去市郊接她。狐狸小姐虽然没有接受，但好感度还是噌噌噌地往上涨。毕竟是第一次主动约男生，狐狸小姐激动得夜里睡不着觉。

出门前的 10 分钟，简直就是折磨人，狐狸小姐翻来覆去地换衣服，总感觉怎么穿都不对，磨蹭了半小时才出发。路上还遇上了堵车，大熊先生便在电影院门口等。紧赶慢赶坐上了通往影院的电梯，狐狸小姐听到了自己心跳的声音——总怕对方配不上自己的期待，更怕自己配不上对方的期待，毕竟“见光死”这样的剧本实在太多。

见到大熊先生时，他几乎是一身黑色——黑色的大衣，深色的裤子，还背着黑色的双肩包，干净利落。两人匆匆进场，没能看到电影的开场。但是那并不重要，因为狐狸小姐的目光，几乎全程停留在大雄先生的手和侧脸上。两人偶尔也会有简单的交流，他侧着身子听她说话的样子，确实让人忘不了。

看完电影去吃饭，刚好是饭点，人很多，两人在人海中穿梭。大雄先生走在她的左前方，狐狸小姐跟着他，偶尔小跑跟上，而他也时不时地放慢脚步等着她。看着他帅气的侧脸，她的心情也更加明朗。只是吃饭的时候，话很少——狐狸小姐终究还是怂，即便微信上聊得很好，见了面却不知说什么好。

好在大熊先生对她说：“没事，两个人就算不说话，也不会尴尬。”

### 3. 拥抱

吃完饭，他送她去了车站。其实有点舍不得走，在等车的间隙，她约了他下周再去看电影。车来了，狐狸小姐对他说“拜拜”，转身走了两步，激情赶走了理智，身体驱动着她跑回去，张开双臂拥抱了他。

第一次见面，狐狸小姐主动拥抱了大熊先生。他愣了一秒，然后紧紧抱住了她。

据说女生真的喜欢上一个人，喜欢拥抱胜过交欢。因为交欢是激情，而拥抱是安心。狐狸小姐并没有考虑那么多，她只是喜欢这种被抱紧的感觉。

公交车来了又走，走了又来，直到他松开了手。

狐狸小姐上了车，回头看着站在原地的他，激动得不得了。回家后，她收到了大熊先生的微信，他说那个拥抱让他很动心。

### 4. 与你相遇，好幸运

第二次见面，大熊先生晚了一些，于是两人又没有看到电影的开头——这简直像个魔咒。之前，大熊先生曾说自己是个害羞的人，不知道怎么主动。狐狸小姐说：“你是个男孩子啊，要记得主动点哦。”然后在看电影的时候，大熊先生终于牵了她的手。后来他告诉她，他都没怎么看电影，一直在想怎么把座位中间的扶手抬上去会比较自然，狐狸小姐笑得不能自已。

大熊先生带着狐狸小姐去坐渡轮，去很文艺的特色街，坐地铁、公交车，遇到人多的时候，还会把她抱在怀里……狐狸小姐觉得自己特别幸运，在最美好的时候遇到了他。就像《小幸运》中唱的那样，“与你相遇，好幸运”。

圣诞节，大熊先生病了，但他依然来到了她的学校，一起在学校的小湖边坐了好久。他靠着狐狸小姐睡觉，而她就盯着他的脸看。

那一刻，狐狸小姐觉得大熊先生是完全属于自己的，如果她有尾巴的话，那当时的她，一定是在不停地摇尾巴。

### 5. 惊喜

听说大熊先生要主持学院的元旦晚会，狐狸小姐计划着要偷偷地跑过去，坐在看台默默地看他主持完，然后给他一个惊喜。作为一个路痴，狐狸小姐早早地开始查找路线，在贴吧问晚会的地点，翻来覆去地研究他学校的地图——后来，她甚至都可以把他学校的地图完整地画下来了。

元旦，狐狸小姐换好了衣服，正准备出发，大熊先生却给她发消息说晚上要和朋友聚会，会玩到很晚。

他是在暗示自己吗？

狐狸小姐还是决定向他坦白，说自己本来想要给他一个惊喜，既然他有事，那她就不去了。直到最后，大熊先生都没有邀请她去，也没说晚上可以带着她玩。

狐狸小姐从来没有这么认真地去做过一件事，过去她总是说过就算了，唯独这一次，她满怀期待，但大熊先生却狠狠地打击了她的积极性。

狐狸小姐其实挺自卑的，她觉得大熊先生学习好，颜值高，能力强，自己不够资格站在他的身边。每当她这么说的时候，大熊先生总是说：“别傻了，有我在呢，我会让你变得更优秀的。”

### 6. 结束

有一次，狐狸小姐看到了有趣的东西想和大熊先生分享，就试着搜了他的微博，没想到却看到了他和前任的过去。狐狸小姐嫉妒了，大半夜坐在楼道里哭啊哭。

大熊先生曾经告诉过狐狸小姐，他单身一年多了，可半年前他却发微博 @ 了前任，狐狸小姐觉得大熊先生欺骗了自己。狐狸小姐想着再也不要搭理他了，可等他第二天打来电话时，她突然就不生气了，毫无缘由。就像很多次大熊先生很晚才回她的消息，狐狸小姐就会告诉自己，要等两倍的时间才给他回，可每次一收到他的信息，她都会秒回他。对他，她控制不住。

从认识到结束，刚好是 40 天。狐狸小姐带大熊先生见过自己的闺密，带他来过自己的学校。大熊先生也曾说要带狐狸小姐去见见他的朋友，带她去看看他的学校，可仅仅是说过而已。狐狸小姐并非那么想见他的朋友，只是她觉得自己从来没有进入过他的生活圈子，所以她很惶恐。

分手是大熊先生提的，最初狐狸小姐难以接受，她觉得自己并没有做错什么，虽然偶尔会作一下，但自己很快就会主动示好。大熊先生说了好多好多，狐狸小姐的大脑却是一片空白。分手时正值考试季，狐狸小姐每天坐在图书馆，书看着看着，眼泪就掉了下来。她用他曾经说过的话和做过的事来安慰自己，她也会告诉自己，大熊先生并没有那么好，可眼泪依然不断地往下掉。

几天之后，大熊先生考完试，就找到狐狸小姐说：

“我好好地想了几天，还是觉得不合适。”

“能不能给我一个理由？”

“你知道的，我们两个在一起的时候没话说。”

“可当初明明是你自己说的，两个人在一起不说话也不会尴尬。”

“……”大熊先生无言以对。

“其实你就是不喜欢我了，对不对？”

“……”

“如果你不喜欢我了，直接说不喜欢了不就好了？”

“……”

“你还是不是一个男人？”

“如果非要说一个理由，那是因为你还没有优秀到让我想把你带进我的生活圈子里。”

狐狸小姐释然了。

“他是大熊先生，而我却不是哆啦 A 梦。他走了以后，我曾以为自己不会再相信爱情了，可现在，我依然相信爱情，相信承诺，相信有一个人在等我。他会带我去吃美味的食物，他会将陪伴作为最长情的告白……只是，跟大熊先生的这段感情在我眼里特别的美好，我想给它一个完整的结束。”

故事到这里就结束了，没有一个明确的开始，也没有一个正式的告别。可是，当演出全结束，总需要有人为舞台拉下帷幕。

# 缓 缓 说

·
·
·

感情的节奏，可以快，也可以慢，只是女追男，往往难圆满，因为男人有追逐的天性，如果女人把男人该做的事都做了，男人的天性就得不到满足，激情退去后感情也会草草结束。

女生看中了男神怎么办？一句话，吸引男神来表白。

借鉴白娘子“撩汉”的故事：天气晴好，许仙带了伞，那就故意施法变成下雨天，于是就有了搭讪的理由。离别时，白娘子借走许仙的伞，一来二去就有了再见面的理由。许仙立志悬壶济世，白娘子就支持他，肯定他，两人的感情也日渐深厚。

把下雨天替换成电脑坏了，找男神帮忙修个电脑；或者是高等数学不会了，找男神给自己辅导，临了再借个书啊、笔记啊什么的，都是一样一样的。

总之，创造出一个环境，给男神一个表现的机会，给彼此一个建立交集的机会，然后在相处中学会支持和肯定，待感情水到渠成，就可以坐等男神来表白。

如果他迟迟不表白，那你就该明白，感情不是种地，不是努力了就会有收获。毕竟，眼前人未必是对的人，或许他只是途经了你青春的绽放。

# 第八篇

## 爱情你给我，面包我自己买

# 没情商的男人也挺好，只要他心诚、可靠、厨艺好

## 1. 姜还是老的辣

我爸木讷、倔强、没情商，按照现在的标准，分分钟可以贴上“注孤生”的标签。

就比如爸妈散步时，我爸总是自顾自地大步在前，我妈在后紧赶慢赶，一路抱怨，两人一前一后，保持着一个遛狗的距离。

回到20世纪80年代，当时民风淳朴，作为大龄单身男青年，我爸终究还是娶到了我妈。戏剧性的是，爸妈从认识到结婚，只用了3个月。就“闪婚”这项技能，我远远不如我爸——姜还是老的辣。

爸妈也算不上门当户对。我妈是国营大工厂的，在买米还需凭粮票的年代，条件算是挺不错的。而我爸在街道的一个小工厂上班，在“好女不嫁穷男”的舆论氛围中（说好的民风淳朴呢），我妈依然两眼一抹黑地嫁了我爸。酒水、家电、缝纫机等——结婚开销的大头都是我妈自己掏腰包，而我爸最大的贡献，大概就是他自己了。

## 2. 我妈为什么嫁我爸

我妈为什么嫁我爸？最初我也不太明白。后来对星座有了了解，才发现我爸是射手座，我妈是白羊座，都是火向星座，怪不得一碰就燃了。

说星座显得太肤浅，讲真（说真的），据我30年的观察，我妈的审美一直都是偏好长相清秀的男子——只是在那个还流行《巴黎圣母院》的年代，她怎么好意思承认自己是“外貌协会”呢？所以我妈的说法就是“有眼缘”。听她这么说的时候，我不禁在心里暗暗感慨：汉语还真是博大精深呢！

记得我妈曾对我说：“你爸40岁的时候长得就和30岁一个样。”

那么根据遗传规律，有很大的可能，我可以通过遗传获得“青春的容颜”这项天赋。

正巧，前几天有个粉丝在后台留言：

“缓缓君，公众号上的头像是你本人吗？”

“对哒。”

“好有邻家弟弟的感觉。”

“你眼光真好！”我在心中暗暗窃喜，然后一本正经地回复了她一句：“你口味真重。”

毕竟我是个30岁的男子，要矜持。

## 3. 冲动总是有代价的

相爱容易相处难，冲动总是有代价的，闪婚之后两人才发现各种不合拍。

我妈喜欢大仲马，我爸爱看《水浒传》；

我妈喜欢帕瓦罗蒂，我爸更爱凤凰传奇；

更要命的是，我妈总爱叨叨叨，我爸嫌她废话多。

除此之外，我妈还有一些“隐藏属性”，比如她浓浓的少女心。去年，我给她买了一部新手机，她竟然试了一个又一个角度，换了一件又一件衣服，搭配了一条又一条围巾，走上了自拍这条“不归路”，并乐此不疲。后来我买了单反相机，类似的事情又一次上演。

可我爸不会嘘寒问暖，更别谈仪式感。最能体现他情商的一件事，发生在他俩结婚30周年。那天，我妈饶有兴致地说要庆祝一下，我爸想都没想，随口说出一句：“庆祝什么啊。”我当场被雷了个外焦里嫩，再看看我妈，她整个人都不好了。于是我赶紧斥责老爸，以示声援我妈，避免矛盾恶化。

爸妈吵架的理由有时甚为奇葩。比如有一次，两个人争论日本到底有多少人口，争着争着就吵了起来。我爸歪着脑袋，扯着嗓门，非说自己是对的。我妈毕竟是一枚白羊女，战斗型星座啊！你居然敢凶我？那还不爆发！

很多鸡毛蒜皮引起的吵架，都是因为老爸在乎的是逻辑和道理，而老妈在乎的是态度和情绪。然而，以我爸的情商，始终悟不出这层道理，他俩就这么吵吵闹闹地度过了婚后的30年。

## 4. 我爸这样的男人能嫁吗？

我爸这样的男人能嫁吗？且听我说完再评理。

我妈年轻时，因一场病毒性感冒引发了严重的心肌炎，医生不建议生育。我爸对我妈说："领养一个也可以。"感谢我妈，因为她的勇敢和坚持，全家人妥协了，于是才有了我。

生产的那天，全家人可紧张了，考虑到我妈的身体状况，医院和家属一致决定剖腹产。时辰一到，她被推进了手术台，可就在医生准备给她打麻药的时候，我竟自己探出了脑袋，成就了一场一气呵成的顺产。

我妈说，这是我对她最大的关照，我想了想，可能只是因为我脑袋太小。最可爱的是我爸，医生大声呼喊"XXX 家属"时，据说他整个人都傻掉了，直到被我外婆推了一把，才如梦初醒，忐忑地奔向产房。

对于一个丈夫而言，在保大还是保小的选择中，最能体现妻子在他心中的位置。我爸为了不让我妈承担风险，甚至提出了领养，你说，这样的男人怎么样？

1998 年，就在我读初一的那一年，我妈饭量变大，体重却在不断地往下掉。吃吃吃都能减肥，简直就是吃货的福音。然而在体检时，我妈竟被确诊为 1 型糖尿病，不仅要每天注射胰岛素，还得控制饮食，对于我妈这样的吃货而言，这无异于晴天霹雳。

拿到体检报告的当天，我妈焦虑万分，挨个给亲朋好友打电话。到了晚上，我爸对我妈说："没关系，有我在呢。"被生活虐成狗的时候，最怕这样暖暖的关心和守护，这是我妈后来告诉我的。

既然吃得少，那就得吃得好。从此以后，下厨都由老爸亲自操刀，老妈只需看着电视，坐等吃食。至于厨艺，我爸家族的男人，个个都带着“迷之厨艺”的光环，除我以外。

糖尿病真正麻烦的是各类并发症，可能会导致肾脏、眼睛、心脑血管方面的病变。这些年来，我妈也住过几次院。

大年初七，我妈又被送到了医院。老妈脸色蜡黄，表情痛苦；老爸神情专注，小心地搀扶着她。诊断后，医生还是决定让我妈住院。

由于我妈有点小洁癖，每次住院都要准备好报纸，把柜子层层铺好；还要准备好食品袋，把各类物品分门别类地装好，这已成了她每次住院的惯例。

老爸拿出纸笔，把老妈关照的物品一样一样记下来，然后回家去取。我则在医院陪床，等他再回来时，我们父子俩把锅碗瓢盆归置整齐，老妈这才算是安心地住下了。

## 5. 没情商的男人也挺好

我爸可以算得上是一个没情商的男人：

可能他不懂浪漫，但他能够给你做饭；

可能他很难开窍，但他在一点一点变好；

可能他不会嘘寒问暖，但他用实际行动给你温暖；

而最重要的是，无论你倒下几次，他都会停下脚步，在你身边守护。

我想这就是他对爱的诠释。

情商是婚姻中的调味剂，可以为平淡的生活增添乐趣。可人生路漫漫，你不知道会有多少意外，能同甘不能共苦的大有人在，所以婚姻的“主食”，在于不离不弃的责任和守护。所以说，有情商的男人固然好，没情商的男人也挺好，只要他心诚、可靠、厨艺好。

# 爱情你给我，面包我自己买

大年初三，和几个高中同学小聚，3 个 30 岁的女人，讲了关于 30 岁的故事。

## 1. 父母健朗，家人团聚，开开心心就好

班花同学，射手座，因为高中时班主任曾说她和徐静蕾长得有几分相似，从此被奉为“御赐班花”。

班花同学高考后进了浙大医学院，之后又被公派去了德国读博，留学期间顺便生了娃。

她的老公既不是“歪果仁”（外国人），也没什么光环，而是隔壁家的小明。

以现在的标准来看，小明属于“四无青年”，没才，没财，没颜值，没情商，甚至连老婆的预产期都搞错了——孩子在德国出生的那一刻，他还在虹桥机场等班机。

但他最大的优点就在于“一根筋”。小学苦恋她6年，6年之后又6年，12生肖轮回之后，小明总算是感动了班花同学。两人确定关系的那天，小明万分激动地向老妈汇报了喜讯。小明妈妈白了儿子一眼，问他是不是想太多了……

后面的故事并不是青蛙王子的童话，就像很多人预期的那样，差异很大的两个人终究还是分了手。

班花同学尝试着接触了不同的男生，可即便如此，小明同学依旧是“一根筋”地等，等她把风景都看透，两人一起看细水长流。

博士毕业，班花同学回归祖国母亲的怀抱，成为一名牙医。

“毕业前，我打听了德国的薪酬，月薪X千欧元。我想我在国内也能拿到这个收入，就果断回国了。虽然目前收入不算高，但父母健朗，家人团聚，我觉得这样开开心心的就好。”班花同学笑得一脸灿烂。

## 2. 还好我们都没放弃

猪笼草小姐不是班里颜值最高的女生，但她是个子最高的女生，以1.83米的身高成了我们班的海拔担当。

只是当一个女生的身高足以“俯视群雄”时，早恋便成了天方夜谭。可没想到，多年后，她却实现了从初恋到结婚的童话。

猪笼草小姐高考后去了华师大，本科毕业后回到杭州，就职于一家外企。

某天收到了她的请柬，我万分好奇，究竟是怎样一个男人把她给收了。去了之后才知道，原来是她把她老公给收了。

“其实，我本来是有准备的，我有很多话想说，但现在我什么都不记得了。我只知道，我们两个都有很多缺点，但我们终于还是等到了这一天，还好我们都没有放弃。”

这是新娘在婚礼现场的感言。她的闺密正好坐在我边上，两行泪水往下淌，怎么也止不住。对于有故事的人，一句还好没放弃，能钩起多少回忆。

新郎此时给出一个大大的熊抱，新娘小鸟依人，画面就此定格，幸福又完美。

可是，以上只是我的内心戏。事实是，猪笼草小姐上演了一出“大鹏展翅”，一弯腰把新郎包裹得严严实实，以至于我当场脑补了《神雕侠侣》中大雕和杨过相拥相抱的画面。

之后才听说，猪笼草小姐当年也曾犹豫过，动摇过。她的老公虽然上进努力，收入也不错，但毕竟是村里飞出的凤凰，少不了大男子主义，少不了老家的负担，一句还好没放弃，饱含了多少深情的妥协?

如今，猪笼草小姐有了娃，又跳槽去了网易。在一群人的七嘴八舌中，她时不时地插上两嘴，吐槽她男人的各种不是，可脸上却乐开了花。

码下这段字的时候，我又看了一眼她的微信头像，是他们夫妻的合照，幸福又美好。

### 3. 他给了我家的感觉

橙子小姐，双鱼座，“华师大”的研究生，毕业后去了北京，就职于“四大”（会计事务所），顺利考过了“注会”（注册会计师），拿着好几十万的年薪，而代价则是没日没夜的工作。由于做的是并购，项目忙的时候，她每天要加班到后半夜，包括周末。

橙子小姐的老公是北方人，天蝎座，毕业后考上了公务员，收入普通，好在工作相对轻松，于是便做起了“女强人背后的男人”。

“有好几次，上班时突然接到领导通知，让我马上回家收拾行李，坐当天下午的飞机出差，我很不喜欢这种感觉。

“有一次我去天津出差，一连去了 2 个月。我们夫妻见面，居然是我老公从北京赶到天津来看我，然后我抽个空和他吃了个饭。”

“我对自己的生活缺乏掌控能力。”这是橙子小姐对自己生活状况的总结。

“你收入比你老公高那么多，你家人当时有反对吗？”我很俗地问了一个很现实的问题。

“确实，我妈最初也不太乐意，但胳膊拧不过大腿，我相信自己的眼光，执意选择了他。而且，父母的干预，更多的是希望自己的女儿生活幸福，我能证明自己现在生活得还算不错，所以我妈终究还是坦然接受了。”橙子小姐顿了顿又说，“我工作那么忙，所以在家务上我是一点贡献都没有的。而且人忙了，压力大了，脾气也容易变得暴躁，都是他在让着我，他给了我家的感觉。”

“四大”的收入很高，但工作强度和精神压力也特别大。橙子小姐有一个同事，做了两次试管婴儿，注射了各种激素，可终究还是没能怀上，据说晚婚难孕在这一行可以算得上是普遍现象。拼搏了 4 年，有了一些积蓄，如今的橙子小姐萌生了跳槽的念头，她想更多地回归到生活之中。

“我建议你早一点结婚。”

“嗯？”

“结了婚之后，你自然就会明白。”离别的时候，橙子小姐意味深长地告诉我。

## 缓 缓 说

李荣浩的一首《不将就》，唱出了很多人的心声，可在我看来，生活中并没有那么多将不将就，因为生活本来就不会完美，所以有的只是会不会选择而已。

就像我的3个女同学，谈婚论嫁时，虽然没有那么多的精打细算，没有那么多的门当户对，没有那么多的风光无限，但却都过得很幸福。

我记得班花同学对我说：“父母健朗，家人团聚，我觉得这样开开心心地就好。”

我记得猪笼草小姐的婚礼感言：“我们两个都有很多缺点，但我们终于还是等到了这一天，还好我们都没有放弃。”

我记得橙子小姐由衷地感慨：“他给了我家的感觉。”

她们都用自己的光芒，照亮了自己的婚姻和事业。

每个人的心里都会有一样无可替代的东西，而一旦你找到了，不将就只是个伪命题。可并不是每个人都有能力把握自己想要的东西，你还需要有足够的实力。如果你希望嫁给爱情，那就好好努力，然后理直气壮地说一句：“爱情你给我，面包我自己买。”

## 买东西要买最好的，结婚要找最爱的

### 1. 克制或者不克制，TA就在你心里

几天前，海豚先生的笔记本电脑黑屏了。当时他正在码字写文，强制关机再开机，发现刚写的内容少了一大半，这感觉就像是吃冰激凌，才吃了一半，意犹未尽，却不慎把冰激凌掉到了地上，心中万分懊恼。

恰逢电商大促销，网站上满屏的满千减百以及各类促销活动，这让海豚先生心动不已。可去年夏天他刚花了2000块钱改造了自己的笔记本，现在换吧，又觉得不划算。剁，还是不剁？思来想去，伸出去的那只手又被自己拽了回来。

海豚先生用他的意志力，控制了买买买的冲动，可从那之后，海豚先生总觉得心里空落落的。午休的时候，下班的时候，工作累了的时候，他总是忍不住会上各类评测网站，去研究笔记本电脑的

配置、性能和外观，一晃至少大半个小时。理性告诉他，这样会很分散自己的精力，降低自己的工作效率，可他依然会忍不住去看。

如果你家养了一公一母两只狗，到了发情期，即便你严加看管，只要他们两情相悦，也总能找机会苟且，除非你把它们阉掉。

真心喜欢的东西，无论是电脑、包包还是鞋子，克制或者不克制，TA 就在你心里，意志力稍有懈怠，TA 又会来呼唤你。

## 2. 不要一味地考虑性价比，买东西要挑最好的

海豚先生决定买一款 13 寸的笔记本电脑，他在网上看了好久，心里有了三个选项：

（1）品牌为“A”字母打头的笔记本，价格 6000，配置好，性价比高。

（2）苹果的 Macbook Air ，价格 7000 多，轻便，续航久，但配置较差。

（3）苹果的 Macbook Pro ，价格近 10000，但是视网膜屏，显示效果特别好。

省略各项参数，简单地说，最贵的那款最好，便宜的那款性价比最高。

犹豫再三，海豚先生最终买下了那款 6000 块钱的笔记本。几年前，海豚先生还是个穷学生，那时的他学会了查配置，查参数，精挑细选去买性价比最高的。可他忘了，如今的他，完全可以靠自己的努力，去赚更多的钱，去买最好的笔记本。

穷不可怕，真正可怕的是“穷人思维”。

你总是买性价比最高的东西，你享受现世安稳；你每天看剧、打游戏，不思进取，却忘了自己原本可以通过努力去买更好的东西，过上更好的生活。

海豚先生背着他的新电脑出差去了，可即便买了新电脑，他还是会忍不住去看看苹果的官网，心里终究有遗憾。

人心就像是衣柜，衣柜里塞满太多廉价的衣服，就装不下名贵的东西。可你还是会惦记，会对着满满一柜子的衣服叹息：“我又没衣服穿了。”

请注意这个“又”字。

海豚先生是个纠结、磨叽的人吗？其实也不是，他买车只用了半小时就掏出了银行卡，买下了朋友推荐的那一款。因为对他来说，车子不过是一种方便的代步工具，发动机、底盘这些细节他完全不在意，只要安全、稳当，四个轮子能动就好。不是特别喜欢的东西，你不会特别挑剔，还可以就好。

但每个人都有自己特别喜欢的东西，可能是香奈儿的包包，可能是绝版的书籍，可能是巴西玫瑰木制成的吉他，也可能是心仪的笔记本电脑。当你去买自己特别喜欢的东西时，为的不是实用，而是心动。就好像婚纱，或许你一辈子只穿这一次，但它代表了一种仪式，它圆了你的公主梦。

面对自己最喜欢的东西时，不要一味地考虑性价比，只要买得起，一定要挑最好的。这样你才不会后悔，更不会有遗憾。

出差返家的那一天，海豚先生下了高铁，坐上地铁。地铁途经龙翔路那站时，他的内心挣扎了一下，但还是提前下了地铁，就这样饿着肚子，背着双肩包，拖着行李箱，走进了苹果体验店，像个另类一样。

看着 Macbook Pro 优质的做工和细腻的显示效果，海豚先生最终退掉了那台 6000 块钱的电脑。

商品能够退货，可是婚姻呢？

## 3. 还可以就等于不可以，结婚要找最爱的

一台笔记本，速度有点慢，你可能会想：“哎呀，这台电脑怎么还不坏啊，坏了我就可以买新的了。”

一罐护肤品，效果差强人意，你可能会想：“哎呀，怎么还没用完啊，用完了我就可以买新的了。”

一段感情，谈得不咸不淡，你未必敢承认自己有什么非分之想，可你却会找各种各样的理由，迟迟不肯结婚。

说到底，行为比想法更诚实。

有些情侣到了该结婚的年纪，有了可以结婚的条件，却迟迟不结婚。为什么？因为你找的只是一个还可以的人。而还可以就等于不可以，于是男的一拖再拖，女的看到婚纱就觉得害怕。

这时候，七大姑八大姨会告诉你，你看看我们，你看看你爸妈，不都是这么过来的吗？你的爷爷奶奶，或许结婚前都没见上一面，不也这样走完了一辈子吗？

那么，到底要不要将就？

我可以很肯定地告诉你，时代不同了，婚姻的打开方式也不同了。

我们的上一辈，或者上上辈的时代，社会大环境不会给他们选择的余地，一旦婚姻破裂，他们要经受邻里乡亲的指指点点，要背负巨大的舆论压力，要承受恶意的流言蜚语。离婚的成本太高，两个人一旦结了婚，就像被锁链捆在了一起，过得下去也得过，过不下去还得过。

而如今，舆论环境更宽容了，选择多了，诱惑多了，我们对婚姻的期待也高了，如果还用老一辈的观念来选择自己的婚姻，就好像用 Word 去打开 Pdf 文件一样——打开方式不对。

爱情不是螺丝钉遇到螺母，没有完全匹配的两个人，所以无论你选了谁，都会遇到各种各样的问题。可如果你找的不是最爱的人，又怎么能心甘情愿地和他一起去解决问题？如果你找的不是最爱的人，即便对方付出再多，你也能找出各种各样不满意的理由。反过来，如果你选择的是自己真心爱着的人，就会完全不一样。

同学中有一位美女，从来都是被人围着转，可结了婚之后，她满心欢喜地为她老公做烘焙，在她老公累了的时候为他揉揉肩，我们听到后都挺意外。可她却理所当然地对我们说："过去也有人为我做这做那，但我总觉得不满意，对方做了很多，我却总是挑他哪里哪里做得不好。可一旦你找到了自己真心喜欢的人，你会为了他去做之前不曾做过的那些事，而且心甘情愿。"

我的小伙伴彩蛋君，谈恋爱之前，他觉得两个人在一起应该有一些基本的原则，比如不帮对方洗内裤，不帮对方买"姨妈巾"，不陪对方看脑残韩剧，但是恋爱没多久，他就把这些事情通通都做了一遍。

我的女朋友蘑菇小姐，曾经花钱大手大脚，可如今，她也拼了命地工作赚钱，因为要和我一起攒首付款。

因为爱，所以你愿意为他打破原则，改变习惯；因为爱，所以你愿意和他一起努力奋斗，改善生活。

如果你只是为了逃避眼下的压力而结婚，那如果婚后遇到了真爱，你该怎么办？

这是一个更残酷的问题。

### 4. 愿你所爱之物都能拥有，所爱之人可常相伴

买东西要挑最好的，结婚要找最爱的。这句话包含多少信息？

（1）无论你出身如何，不要让“穷人思维”捆绑你的一生。在喜欢的东西面前，如果你只考虑性价比，那你只配拥有烂大街的东西；在婚姻面前，如果你能接受“还可以”，那你只配拥有打折的婚姻。

（2） 你是真的喜欢这个东西，还是只为了装 X ？如果是真的喜欢，那就去买最好的那一款。

（3）你有多少很喜欢的东西，如果你觉得自己很喜欢的东西有很多，那这些都只是可以替代的东西。

（4）一个人一生喜欢过的人可能会有五六七八个，但对的人却是唯一。

（5）如果你什么都想要，那是病，不是爱。

（6）守株待兔不如自己努力。如果你看中的东西买不起，那就努力去赚钱；如果你还配不上你爱的人，那就努力让自己变优秀。

（7）等你买得起的时候东西被人买走了，等你变优秀的时候男（女）神和人牵手了，怎么办？你不用忧虑，旧款下架了还会上新款，和别人牵手的人一定不是对的人，可当你拥有了足够的实力和底气，你自然配得上你想要的生活。

愿你一生所爱之物都能拥有，一生所爱之人可常相伴。

# 第九篇

## 如何让男朋友放下初恋

# 关于前任，有一些想说的话

有些人说，有了新的恋情，就该把前任都拉黑，老死不相往来，我能理解。

也有人说，喜欢一个人，就该接受她的全部，包括她的过去，我很赞同。

最后两章的主题是前任。为什么要写前任？

就像蔡健雅在《达尔文》中唱的那样：

人的一生
感情是旋转门
…………
懂得永恒
得要我们
进化成更好的人

每一段感情都教会我们成长，尤其是失去的时候，我们会在一夜之间长大。

失去后，我们才明白，不是所有的矛盾只要交给时间，都会自动消失不见，我们要学会在当下解决。

失去后，我们才明白，有些话不说出来对方未必能懂，我们要学会表达。

失去后，我们才明白，不是用力去爱就会有美好的结局，我们要学会爱得柔软。

失去后，我们才明白，不管和谁在一起都不会完美，我们要学会包容和取舍。

失去后，我们才明白，不是所有的珍惜都能被珍惜，不是所有的付出都会有收获，我们要学会告别和放下。

我们提起前任，并不是为了怀念某一个人，而是和自己的过去握手言和，去进化成更好的人，去好好把握眼前的人。

## 如何让男朋友放下初恋

放下初恋的关键就在于直面过去，去完成自己未尽的心理过程，而庆幸的是，在我遇到蘑菇小姐之前，已然完成了这一过程。

曾经和蘑菇小姐一起去看《港囧》，影片讲的是，徐来在同学聚会上打听到了初恋的消息，便借着和家人去香港游玩的机会，计划和初恋偷偷会面的故事。

在电影结束的时候，我对蘑菇小姐说：

“徐来完成了放下初恋的一整个心理过程。”

“那你完成了没？”她白了我一眼。

思绪就这样飘到了过去。

我的初恋发生在初中时代，是一段非常美好的回忆。

馒头小姐和我是同班同学，她是班长，我是物理课代表，我经常赖着她同桌的座位和她一起上自习，久而久之，所有人也都心照不宣了。

馒头小姐会帮我写政治作业，会和我分享她的日记，会在班主任质疑我的时候站出来支持我，会在我情绪低落的时候逗我玩，也会在千禧年元旦的清晨拨通我家的电话。

有一次我俩打赌，一起去黑板上做题，看谁能先解出那道数学题。当时已经放学，人去楼空，趁她专心解题，毫无防备，我从她背后一把将她抱住。没有表白，没有接吻，牵牵手就像旅行，成就了一段青涩的恋情。

初三下学期，我俩被保送到了不同的重点高中，这是我们的第一次错过。

年少的时候，总觉得世界很大，未来一定会有更美的风景，偏偏错过了之后却又把自己困在原地。当电视里有人在说，“曾经有一份真诚的爱情摆在我面前”时，总会想起一些往事。

“匆匆那年”之后，又是 3 年。我的高考成绩并不理想，比浙大的录取线略高，却选不了理想的专业，思来想去，最后一刻下定决心填报了另一所 985 高校的电气工程专业。后来才知道，馒头小姐去了浙大，这是我们的第二次错过。

馒头小姐集高颜值、学霸、十佳歌手于一身，一直有着稳定的恋情，而我则一个人走过了 6 年。错过的那些年，偶尔会听到她的消息，偶尔会有逢年过节的联系，但也维持着各自安好的默契。

大学期间，偶然间看了电影《蝴蝶效应》，主角意外地拥有了回到过去的能力，为了挽回童年时犯的错，他一次次回到人生的十字路口，一次次尝试去做出不同的选择，却发现结果一次比一次糟。或许擦肩而过才是最好的选择，或许当下的生活才是最好的安排，这是我当时的感悟。

之后的那些年，我有了自己的生活，而她保送了本校的硕博连读，之后还去欧洲做了交换生。我们就像生活在平行时空的人，本以为不会再有交汇，直到2014年年底，无意中看到了她回国的消息。

再见面时，感觉依然十分熟悉，没有尴尬，没有拘谨，自然舒适，聊起了很多以前的事。

送她回家，快到她家小区时，我看了她一眼，她冲我微微一笑，于是我一脚油门把车开上了高架桥。其实也不知道要去哪里，只是漫无目的地开着车，整排整排的路灯不停地迎面而过，就像是迎面路过封存的回忆。

“还记得当年我们都很喜欢张信哲的歌吗？”我问她。

“嗯。”

“有一句歌词我印象特深：‘我从来不敢给你任何诺言，是因为我知道我们都太年轻。’或许是受那句歌词的影响，当年没有给你任何承诺。”

“在我看来那是没有男子气概的表现。”她又一次冲我微微一笑。

记不清往前开了多久，心底突然出现了一个声音提醒我，不论往前开多久，我们最终都要各自回家，我们都会有各自的归宿。

每个人都是会成长、会改变的，只是我的记忆一直停留在初三的那一年。

心理学中有一个专业名词，叫“蔡格尼克效应”，指的是我们很容易忘记已经完成的、已有结果的事情，而对于未完成的、未达目标的事情却总是念念不忘。

初恋之所以特别美好，是因为我们没有完成那一整个心理过程，而回忆总是带着相机里的美颜功能，美化了记忆中的人和事。

因为青涩，所以有了遗憾；因为遗憾，所以更觉美好。但回忆里的人，一旦你去见了，你就会发现，我们都长大了，不再如记忆中那般单纯美好，我们都需要重新认清当下的生活。

放下初恋的关键就在于直面过去，去完成自己未尽的心理过程，而庆幸的是，在我遇到蘑菇小姐之前，已然完成了这一过程。

“你倒是说啊，你到底完成了这个过程没？”电影院里，蘑菇小姐噘着嘴，不依不饶。

我摸了摸她的脑袋，冲她微微一笑。

## 你什么都好，可就是没钱

体重不过百，不是平胸就是矮。长颈鹿小姐的体重连 90 斤都没到，自然是两项都占了。

为啥叫她长颈鹿小姐呢？因为她曾对我说，她的梦想是在花园里养两头长颈鹿。当时我就惊呆了！后来想想，所谓的梦想，有时候就是在梦里想想的那些事儿。虽然我不能实现她的梦想，但却为她收藏了不少长颈鹿的照片。

### 1. 萝莉脸，御姐心

2012 年秋，我和长颈鹿小姐因某次活动而相识。当时我坐在小车的后座，看见一个小姑娘抱着早餐，匆匆忙忙上了副驾，就像学生上课迟到后偷偷溜进教室，鬼鬼祟祟的。

我笑着问："没来得及吃早饭啊？"

"嗯。"她不好意思地笑了一下，然后转过脸，继续默默地啃她的早餐。

后来回忆起这个场景，她说当时没看清，只见我穿着一件深色衬衫坐在后座，把我误认为是领导。

其实长颈鹿小姐和我同龄，只是她天生一张萝莉脸，看着好小的，有种人畜无害的即视感。尤其是当她拿出一瓶养乐多递给我时，我内心那个“汗”啊，总觉得她就像一名童工。然而，当天的一顿晚饭，彻底改变了我对她的印象。

我一喝酒就脸红，一脸红就犯晕，一犯晕就想睡觉。可当天几个人围着我，一杯又一杯地敬酒。就在我昏昏欲睡时，萝莉竟开启了“御姐模式”，主动出击，为我挡酒，居然还是拿着碗一口闷下去的那种，惊得我酒都醒了——原来萝莉也能这么生猛！

后来我问她：“我俩才第一次见面，为什么你替我挡酒，还这么拼？”

她笑着说：“我也不知道。”

临别时，我俩加了微博，之后便是有一搭没一搭的闲聊。

### 2. 君子动口不动手

听说我会弹一点吉他，长颈鹿小姐便喊我带着吉他去找她玩。而她萨克斯吹得挺不错，尤其是演奏时专注的模样，很帅气，很拉风，手指的动作很有美感。

不知从哪天起，会隔三岔五收到她发来的微信，问我在干吗。心理学家说，废话越多的人越幸福，而我却发现，当一个人经常对你说废话，慢慢地你也容易喜欢上她。

为啥她总是问我在干吗？

她对我有好感吗？

或许有吧。

要不表白试试？

然后我就去试了一下。再然后我就被拒绝了。

女人心，海底针，真是一点不假。但我决定再挣扎挣扎，说不定一不小心她就从了呢？

挣扎的过程就像是一场游击战，我进她退，我退她追，总让我觉得坚持坚持就有希望，可又怎么都够不着。

长颈鹿小姐曾有过一次“川藏线”之旅，也正是那次旅行，让我走上了通往她内心的道路。

人生地不熟，朋友们却一起出去疯，把她一个人丢在酒店，一连就是好几天。她怕黑，怕一个人，每晚都会开着灯睡。在她失眠、委屈的时候，我整晚整晚地陪她聊天，听她讲过去的经历，感受她的忧伤和委屈。

她说，她想做的，就是做好她自己，保护好她爱的人。

我说，总有人会让你失望，也总会有人让你温暖；总有人会需要你保护，也总有人能保护你。

她说，“我有点想你了”，然后发来一张她的背影，照片上有一行字：下雪了，我们不打伞，一起走，是不是可以走到白头？

可即便如此，她依然和我保持着一层纱的距离。

可就在我身心疲惫、不堪其扰时，意外地在网上看到了一个段子：

“白娘子故意下雨，骗走了许仙的伞；

“祝英台装疯卖傻，勾搭了梁山伯；

“七仙女挡住了董永的去路；

“牛郎趁织女洗澡，拿走了她的衣服。

“历史总是惊人的相似，

“伟大的爱情，

“都是从耍流氓开始的。”

我顿时头顶灵光一闪，既然怎么说都不答应，不如用行动来表示。

君子动口不动手，我趁她不备，偷偷亲了她一下。她转过脸来，十分惊讶，眼神中却闪烁着光芒。我一鼓作气，又亲了二三四五下，她果然就从了。

女人真是奇妙，时机不对的时候，你亲她是耍流氓；时机对的时候，你不亲她是没魄力。当时我是这么以为的。

### 3. 长颈鹿妈妈的助攻

在长颈鹿小姐和我打游击的日子里，她的妈妈一直在背后默默做着助攻，这是我后来才知道的。

长颈鹿妈妈是个聪明、有趣又有才的女人，工作时她是一个女强人，心底却也住着一个小女生。她会千叮咛万嘱咐，劝女儿早点睡觉，然后自己一个人刷微博刷到深夜；她会孜孜不倦地玩飞机大战，登上了榜首后还特意发微博炫耀一番；她会在三八妇女节发微博感叹：家里的女人，一个在过劳动节，另一个在过儿童节，女人何苦为难女人。

我和长颈鹿妈妈的交集，也缘于微博。长颈鹿小姐曾问我，敢不敢加她妈妈的微博。在“迷之自信”的鼓舞下，我果断就关注了她妈妈。

那天正好是中秋，长颈鹿妈妈站在桥上拍了一张夜景，照片上有一行字：是灯亮还是月明?

我觉得很有意境，于是在评论中引用了卞之琳的《断章》：

> 你站在桥上看风景，
> 看风景的人在楼上看你。
> 明月装饰了你的窗子，
> 你装饰了别人的梦。

“‘窗子’改为‘影子’。”她妈妈回复了我，最后还加了一个鬼脸的表情。

我和长颈鹿妈妈特别合拍，她曾对我说过两句话：第一句，你性格和我很像；第二句，你很聪明，我还蛮喜欢你的。

在她妈妈的助攻下，我们仨一起去 KTV 唱过歌，一起推着车逛过超市，一起庆祝了她妈妈的生日。

### 4. 光阴的故事

一切都看似欣欣向荣，可美好却在闪亮的瞬间戛然而止。忽然之间，我们便分了手。长颈鹿小姐对我说：

“结婚是一辈子的事，就应该是完美的。我对物质和精神都有很高的需求，现在的你满足不了我。要是你年龄比我大个五六岁就好了，那样你就有了积累。”

我冲她尴尬地笑了笑。

男人天生是理性的，但男人爱上女人的过程，是一个把理性一点一点丢弃的过程。心中有爱的男人会以力所能及的方式宠爱自己的女人：

他愿意为你打破计划安排；

他愿意为你改变生活习惯；

他明知你无理取闹却也愿意主动认错；

他在你来姨妈的时候不让你吃生冷食物；

他把你的家人当成自己的家人；

他所有的努力只为换来你幸福的笑脸；

…………

可这份纯粹的爱一旦被打碎，他又会重新变回理性的模样。

长颈鹿小姐拜金吗？我觉得不是，只是她一直生活在那样的物质水平中。她从不贪图小利，我俩一起逛商场时，我曾打算买下她看中的衣服，却被她微笑而坚定地拒绝了。

她也会自己努力赚钱，用做了几个月兼职攒下的钱给她妈妈买一个 Prada 的钱包，她很喜欢这样的自己。

分手是因为我的收入无法达到她生活质量的底线。对于一个女生而言，要突破自己生活质量的底线是一件很艰难的事，不仅需要巨大的勇气，还要不断调整自己的心态去完成艰难的心路历程。

曾经有一道测试题，问女生会因为什么而一下子喜欢上一个男人。长颈鹿小姐选择了“气味”和“穿着”，而不是身高、颜值、才华、气质。当时我不明白，后来，我有点明白了。

爱情最终需要回归到生活，而长久的爱情，需要两个人相处在同一个生活层次里。

曾经，她说过很多我的好：

她说：“我觉得你好厉害，我搞不定的你都可以轻松搞定。”

她说：“我觉得什么都可以对你说，不会有压力。”

她说：“我觉得和你在一起很安心，会有家的感觉。”

后来，她说了很多她想要的：

她说：“我想要宝马 Mini。”

她说：“我想买名牌的包包。”

她说：“我想住豪华的屋子。”

曾经，我以为她的犹豫不决是因为女生的矜持，后来，她对我说：“你什么都好，可就是没钱。”

曾经，我俩约定一起去街边卖艺，我弹吉他，她吹萨克斯，后来，这已成了一个不会再兑现的约定。

曾经，我翻遍了她的微博，为她做过一个相册，主题是《光阴的故事》，后来，它真的只是一段光阴的故事。

Ps：过完年，杭州的房价又涨了，蘑菇小姐却对我说：“没关系，我觉得一切都会好起来的。”乐观得像一个“傻×”。

# 第十篇

**爱情是不是前人栽树，后人乘凉？**

## 只要遇到合适的土壤，爱就会在心中生长

2006 年夏，椰子先生靠着忽悠人的竞选演讲被推选为心理协会的副会长，而会长是众望所归的鹿小姐。

鹿小姐的外号叫“鹿小爆”，风风火火，脾气急躁。社团年会的聚餐上，鹿小姐向前任会长敬酒，对方不胜酒力，婉言拒绝。她倒是来劲了：

“你喝不喝？喝不喝？”一边说一边用手指捅他的胳肢窝，脸上还带着霸气的笑。

场面很嗨，一众学弟学妹跟着起哄。

前任会长迫于无奈，将酒一饮而尽，不久后就被抬回了宿舍。

### 1. 行走的柠檬

椰子先生和鹿小姐的相遇，始于 2005 年的冬天，他参加了她组织的户外拓展训练。那天，椰子先生穿着一件黄澄澄的羽绒外套，

因为太黄了，小伙伴们都说他像一个行走的柠檬。鹿小姐的外貌并不惊艳，但她身上由内而外地散发着“迷之气场”，一双大眼睛扑闪扑闪的，像是藏着说不完的话。椰子先生对她印象深刻，而她也是一样，因为在全场都玩得很嗨时，唯有椰子先生一个人淡淡的，像是游离在人群的边缘。可偏偏他又是穿得最亮的，无时无刻不在提醒大家他的存在。

“真是个奇怪的人。”这是鹿小姐对他的评价。

不久之后，椰子先生和鹿小姐又在校园中相遇，只是她的身边站着一个男生，一只手搂着她的腰。椰子先生对她淡淡一笑。

## 2. 风风火火的柔弱

大三，校区从长江以北的浦口搬到了长江以南的九龙湖。当时九龙湖校区的周边还是一片茫茫的农田，往北走一站地的路，才算是到了城乡接合部，免不了有一种被流放边疆的沧桑感。所幸教学楼和宿舍都是新建的，还有新入学的“小鲜肉”们，散发着青春的气息。只是鹿小姐却像失去了生机，言行举止中有藏不住的消极，那双会说话的眼睛也不再闪烁着光芒。

想必是发生了什么事吧，椰子先生心想。

渐渐地，鹿小姐透露了失恋的消息。累了，难过了，情绪失控了，她就把社团的工作丢给了椰子先生，任由他兵来将挡，水来土掩。

在这所男女比例 7:1 的工科院校，椰子先生并没有指望在大学期间找一个女朋友，倒不是因为他找不到，而是因为他太挑，或者说，是因为心里还有一个人。椰子先生有过一段近乎完美的初恋，恋人是他的初中同学，她集美女、学霸、才艺于一身，偏偏还对他好得不得了。心中住着这样一个完美恋人，就像在心里砌起了一座围城，别人走不进来，自己也走不出去。

因为社团工作的关系，椰子先生和鹿小姐频繁地联系，渐渐地也便越走越近。他看过她抽烟，看过她喝酒，看过她憔悴，看过她神伤，直到某一天，他在食堂看见她流泪。椰子先生从来没有想象过，这样一个风风火火的女生，竟然也会控制不住地流泪。但显然她是努力地控制了，因为眼泪滑落时，她依然满脸坚强，只是这样的坚强，让人格外心疼。很久之后，鹿小姐告诉他，长大后她只在两个人面前流过泪，一个是前任，另一个便是他。

鹿小姐坚强落泪的模样，击中了椰子先生心中柔软的部分，那天之后，他对她有了若有若无的关心。

断断续续，椰子先生了解了故事的大概。

鹿小姐出生于江苏的一个村庄，爸妈生下她不久后就去北京打工了，她自幼跟着奶奶长大。奶奶和爸爸的关系并不好，对她更是关爱甚少，按她奶奶的话说："我树枝都靠不住，难道还指望着靠树皮？"树枝意指她爸，树皮自然指的是鹿小姐。那些年的她，对北京有种莫名的向往。读小学了，好不容易熬到了爸妈回家，他们却又在无休止的吵架后离了婚，从此由爸爸照顾她长大。

都说独生女是家里的小公主，可鹿小姐的童年有的却只是无尽的思念和向往。

高考后，鹿小姐顺利地考上了南京的一所985高校，此时妈妈突然造访，像是浪迹天涯的人想要归乡。只是错过了花季的绽放，错过的那些时光，却是再也回不去了。

杨先生，北京人，和鹿小姐是同班同学。最初，杨先生觉得鹿小姐很好看，便使劲地追她。或许是因为鹿小姐自幼对北京的向往，她对杨先生有种莫名的好感，更何况，她觉得他长得还挺帅。

故事就这样开始了，适逢其会，顺理成章。只是好景不长，没过多久，杨先生对她说：“我觉得你没以前好看了，缺点似乎也变多了——脾气差，性子急，没耐心，还特烦人。”一次又一次，他指责她的种种不是。

越是得不到，就越想要，杨先生一次一次地责怪她，鹿小姐一次一次地妥协，去满足他的无理要求，她以为自己可以挽留得住。直到大二的下学期末，杨先生挂科太多，留了级。他竟把原因归咎于鹿小姐，觉得是鹿小姐拖累了自己，单方面提出了分手。

夜深人静，鹿小姐在 QQ 空间写下了日志：

晚上总是容易想好多，想说的话却无法说出口，难过……

大学的生活，已经让我改变了许多，如果我们可以爱自己，爱自己爱到自私，也许可以活得轻松些。可是，总是会想起过去。我想，之所以我还能保持这份善良，是因为曾经有个人给过我温暖的回忆吧，可我依然不由自主地开始改变，开始找不到快乐的理由。真的好累，成长的痛，总让人变得面目全非。我现在能做的，只是听听朋友的故事，从他们的纯真中找寻温暖。

故事的开始猝不及防，故事的结局惨淡收场，故事里的女生黯然神伤。

## 3. 悄无声息的爱

如果说，杨先生是激情四射的潮水，那椰子先生则是悄无声息的河流。

2006年12月，夜里11点过后，鹿小姐一个人在校园的角落喝酒，一边喝一边和椰子先生发着短信。

“要不要去找她？”他为她担心，可宿舍的大门已经紧闭。

犹豫不决间的分分秒秒，心底的声音驱动着椰子先生的身体，他从二楼过道的空隙跳了出去。四脚着地，有点儿狼狈，可哪里还顾得上那么多，椰子先生径直跑去了鹿小姐那里。

她看到他，有点惊讶，又有点欣慰，而他依旧是淡淡的样子，淡淡地笑，静静地听，聆听她的故事，感受她的心情。

“我只是想要有一个家。”鹿小姐的语气半是憧憬，半是忧伤。

简简单单的一句话，又一次触动了他心中柔软的部分。椰子先生看着她认真的模样，情不自禁地抱住了她。

相拥无言，只是安静地抱着，渐渐地，两人就这样睡了过去。

第二天上课时，椰子先生收到了鹿小姐的短信：

“你是想做我的那个人吗？”

“嗯。”

没有追求，没有告白，椰子先生和鹿小姐就这样半推半就地确定了关系。

当晚，鹿小姐把他俩的事告诉了自己的闺密。她对这段关系并没有信心，好在所有人都回复说，他们很看好椰子先生。就这样，鹿小姐抱着小心翼翼的态度，尝试着开始一段新的感情。

放不下前任的女生都会对现任说："我们的关系暂时先别对外公开，好不好？"鹿小姐也不例外。椰子先生的回答很简洁，只有一个字："好。"

借着社团工作的掩护，两人出双入对，走遍了校园的每个角落。只是鹿小姐会无数次地提起杨先生，无论何时何地。而椰子先生则静静地听着，不说话。

相比于讲述经历，音乐更容易表达情绪。鹿小姐很喜欢张靓颖的《如果爱下去》，她常常会在他面前唱起：

很久以前如果我们
爱下去会怎样
最后一次相信地久天长
躺在你温暖手掌
不需要想象
以后我漫长的孤单流浪

很久以前如果我们
爱下去会怎样
毫无疑问爱情当作信仰

可是生活已经是
另一番模样
我希望永远学不会坚强

街头那一对和我们好像
放开拥抱就各奔一方

“如果很久以前我们爱下去会怎样？”椰子先生知道，鹿小姐歌声中的“我们”，和自己无关。

如果你的另一半总在你面前提起她的前任，怀念她的前任，你会怎么想？

椰子先生也不过是个凡人，只是他善于掩饰自己的情绪。因为理解，所以包容；因为包容，所以承受。只是情绪终究需要一个出口，淡淡的表情之下，是椰子先生自己和自己的对话，他不想在她最艰难的时候放下她，他暗暗告诉自己，给彼此半年的时间，如果半年后她依然忘不了前任，那就放过她，也放过自己。

椰子先生不会说太多安慰的话，只会给她细水长流的陪伴：陪着她吃饭，听着她说话，突然从她的背后抱住她，送给她人生中的第一束花，偶尔还会背着她在无人的角落狂奔。

## 4. 不要去爱，爱上会痛

时间是伟大的魔术师，他轻轻地在你心头画上一个人影，那人便渐渐走进了你的心里。

有一天，椰子先生像往常一样，把鹿小姐送到了宿舍楼下。刚转过身，鹿小姐幽幽地问了他一句：“你回宿舍之后，会不会想我啊？”

椰子先生停住脚步，愣在原地，眼神中亮起光芒。

“会啊。”他转过身对她说。

“那为什么你回宿舍之后从来不给我打电话？”

“我们不是一整天都在一起吗？”

“可是我发现我回宿舍后还是会想你。”

椰子笑得很灿烂，原来在不知不觉间，这段感情多了许多温度。

只是鹿小姐的心里依然会很害怕，她问自己，是不是爱上了椰子先生。她期待爱，又不敢去爱。她有点无所适从，不知该高兴，还是该难过。

鹿小姐记得，曾经有个喜欢她的男生说过，她难过时的声音会不一样。可她却觉得，椰子先生应该不曾感受到吧。她在日记中写道：

记得有人说，我难过时的声音会不一样。因为在乎，所以能感觉到。那如果感觉不到，是不是就代表不在乎呢？

既然说了，只是找个人陪，那就不要对他有太多要求。不要去爱，爱上会痛！

只要自己开心就好，不要难过。

不多说了，总这么伤感可不好！

## 5. 只要遇到合适的土壤，爱就会在心中生长

冬天，女生宿舍流行织围巾，鹿小姐也缠着椰子先生去市区买了毛线。一针一线，一遍一遍地重复。只是重复的过程，就像是一种仪式，倾注了女生的心思。

大功告成的那一天，夜色很好，鹿小姐拿着围巾在椰子先生的脖子上围了两道。

椰子先生突然对她说："我想亲你了。"没等她反应过来，便凑过脸去，在她的脸颊上蜻蜓点水地亲了一口。

鹿小姐愣了两秒："你这算什么？你说亲，然后不等我同意就真的亲过来了？"回过神后，她傲娇地责怪着他，脸颊却已微微泛红。

"那要么你也亲我一下，这样公平了吧？"椰子先生竟理直气壮地回应。

鹿小姐笑着，轻轻地拍了一下他的胸口，问："你之前……有没有接过吻？"

"没试过……要不现在就试试？"说完，椰子先生捧着她的脑袋，埋头亲了过去。

这一次，总算是直击了嘴唇，可他终究还是有点怂，轻微地触碰，迅速地移开。

椰子先生心想：小说里不都写着，男女主角接吻时，心中会小鹿乱撞，可为啥自己却没有感觉到？

"连接吻都不会！"说完，鹿小姐挽住他的脖子，狠狠地亲了过去。

冬天的风，有点大，声音也有点响，但椰子先生听到了自己心跳的声音。

那天晚上，椰子先生告诉鹿小姐，爱是每个人都有的本能，只要遇到了合适的土壤，爱就会在心中生长。鹿小姐狠狠地抱紧了他。

## 彻底放下前任，需要几步走

22岁那年，椰子先生和鹿小姐相识于学校的社团。她风风火火，能力出众，成了众望所归的会长；他冷静沉着，内敛可靠，被推选为社团的副会长。两人日久生情，彼此靠近。在那之前，鹿小姐刚经历过一场失败的恋爱，对爱情非常失望，所以当他向她靠近时，她有过摇摆，有过迟疑，但心里终究还是有期待。在时间的缝隙中，椰子先生一点一点填补着她心中的缺口。

张小娴说，忘记一个人最好的方法是时间和新欢。如果不能忘记，那是因为时间不够长，新欢不够好。可是，光靠时间和新欢就够了吗？

不够。因为记忆中的人依旧会沉在你心底，夜深人静时，瞬间汹涌的情绪会将他推回到记忆的沙滩上，再一次出现在你的意识里。所以说，要想彻底放下前任，还需要最后一个步骤……

## 1. 你是我的幸福吗

大三的寒假，椰子先生和鹿小姐迎来了恋爱后的第一次分离。

鹿小姐其实并不太愿意回家，因为那个家早已没有了温度。曾经，她的妈妈不顾一切地离开家，6 年后又突如其来地回家。虽然父女俩接纳了她，可一家人依然时不时地吵架。与其说她妈妈回了家，不如说只是跟他们同住一个屋檐下。每一次吵架，都在撩起内心深处的伤疤。

椰子先生每天陪着她说话，在她最难过的时候，甚至提出接她回家。鹿小姐笑他幼稚，但心里依然欣慰。女生就是如此，她未必真的要你为她做点什么，她想要的只是被在乎的感觉。空间上的远离，却拉近了心理上的距离。

人总是会比较，拿闺密的男人和自己的男人比，拿现在的男人和过去的男人比，比来比去，鹿小姐都觉得椰子先生要比前任好。可是，他真的会是她的幸福吗？

> 你是我的幸福吗？
> 为何幸福让人如此忧郁。
> 爱情渐渐模糊，
> 你的付出，
> 我总不够清楚。

鹿小姐单曲循环着伊能静的《你是我的幸福吗》，一遍又一遍，仿佛另一个她正在对着自己说话。

## 2. 一个临时的家

大三下学期，鹿小姐的同学兼闺密在学校附近租了一个套间，和男朋友过起了同居生活。多出来的一个房间，闲着也闲着，于是闺密便怂恿鹿小姐搬来一起住，如此也好分担房租。

鹿小姐举棋不定。心底里，她一直都想要有一个属于自己的小家，但又顾虑感情会不会走得太快了一些。在闺密锲而不舍的软磨硬泡下，她终于开口对椰子先生说了闺密的想法，从此两人朝夕共处。

说是套间，其实只是一间农民房，异常简陋。椰子先生和鹿小姐去附近的小巷购置了锅碗瓢盆和百来块钱的床，还买了一些贴纸布置软装，也算是实现了她小小的愿望——她终于有了一个临时的，但却属于自己的小家。

白天，两人一起坐着电动三轮车去学校上课，晚上一起打理社团的工作，夜里再坐着电动三轮车回家，日子就这样一天天地过。

有一次，鹿小姐对椰子先生发了脾气，原因只是鹿小姐半夜被噩梦惊醒时，发现呼呼大睡的椰子先生并没有抱着她，她赶紧乖乖地凑了过去。第二天一早，鹿小姐非要椰子先生陪她去上课，满脸气鼓鼓的样子。椰子先生觉得自己很无辜，他认为鹿小姐是在无理取闹。当时的他并不明白，对于女生而言，即便梦境是假的，但感觉却是真的。

## 3. 三人行

罐罐是鹿小姐的学妹，在鹿小姐失恋的那阵子，她也遭遇了分手，于是同病相怜的两个人常常在一起抱团取暖，互舔伤口。随着两人各自都有了男友，也就各自有了新生活，渐渐地来往便也少了许多。只是，罐罐并不如鹿小姐那般幸运。

有一天，鹿小姐告诉椰子先生，罐罐怀孕了。更糟糕的是，当时的她刚和男友分手不久，而要强的罐罐是不愿意去找前男友的。两人商量了之后，决定一起陪罐罐去医院，于是便上演了一场诡异的“三人行”。

医院的大厅，排着好几列队伍，大多都是中年大妈。看到这阵势，鹿小姐和罐罐一下子就怂了，她俩躲在阴暗的角落，委派椰子先生独自去挂号。挂号窗口前，椰子先生有点茫然，他不知道应该挂什么科，只好对着窗口说了两个字：

“流产。”

“小孩子要不要了？”

“不要了。”

“那给你挂人流了？”

“好。”

“要不要无痛的？”

“要。”

椰子先生遗传了老爸“青春的容颜”这项天赋，看起来比实际年龄要小好几岁。平日里，已经上大三的他还常常被误认为是高中生。挂号时的那段对话，吸引了周围的中年大妈，一道道意味深长的目光聚焦在了他的身上。

椰子先生并不太在意别人的目光，于是鹿小姐挽着罐罐，椰子先生陪着她俩，三人来到了手术室门口。

在等待的时间里，罐罐一脸坚强，反倒是鹿小姐表现得有些焦灼。但其实大家心里都清楚，故作坚强的人，大多内心柔弱。

从走进手术室到走出手术室，不过是吃一个苹果的时间，后面排队的人有序进场，就像是工厂里的流水线，椰子先生觉得有点凄凉。只是走出手术室的罐罐，再也无力逞强，抱着鹿小姐，抽搐着肩膀。椰子先生依旧是淡淡的样子，也不说话，但他默默地去医院门口买了一束花，送到了罐罐的手边，这是他能想到的最好的温柔。

罐罐的遭遇，让鹿小姐想起了失恋时两人抱团取暖的过往，也想起了那些糟糕的回忆：

我又开始不能自拔地陷入回忆。我不喜欢回忆，可免不了会去回忆。

那不好的回忆，又一次提醒了我，有些人已是陌路，若知道结局如此，当初就不该相识。那些所谓的美好，只是在提醒自己“物是人非”这个词的残酷；那么多的“最”，现在也只是某个瞬间的无奈。

其实，我以为自己一直在努力忘记一些事，可实际上，我在努力记住。哪怕是痛；哪怕今后可能都不会再见面；哪怕有一天，我们都不记得曾经相识过……

但我也怕忘记，怕忘了自己也曾那么轻易就能快乐，那么容易就能相信一辈子……

有很多话想写，可不能去写。现在我有了自己最重要的人，有了让我重新可以依靠的肩膀，我不要再因为自己的回忆伤害他。

人生若只如初见。

…………

### 4. 谢幕演出

不小心掉进沼泽里，切记不要用力挣扎，越是用力，越容易被吸进沼泽的最深处。正确的自救方式是：把身体后倾，轻轻地跌倒，让自己躺在地面上。跌下时尽量张开双臂，以分散体重，这样可使身体浮于表面，然后仰着身子，一点一点往外挪。如果有同伴，那会容易很多，让同伴抛来一条绳子或是伸出一根棍子，拖拉自己，便可安全脱险。

困在回忆里的人就像是被困在沼泽，越是独自坚强的人，其实想得也越多；想得越多，挣扎越猛，沦陷得也越快。逃脱的第一步是学会跌倒，卸掉坚强的伪装，然后分散自己的注意力，淡化那些回忆。如果你身边有一个值得依靠的人，请让他伸出一只手，带着你脱险。

5 月是学校一年一度的“心理关爱月”，也是心理协会最忙碌的日子。鹿小姐和椰子先生召集了社团的骨干，策划了一场大型活动。

人力的问题容易解决，毕竟社团人多势众，但钱的问题就亟待解决了。杂志、海报、展板和各类道具、资料加起来，需要一笔不小的资金。上一年的经费来源于鹿小姐带队拉了一笔 3 千块钱的赞助费，可今年学习搬到了穷县僻壤，他们一时筹措不到资金。

椰子先生灵机一动，跑去校长办公室忽悠了一番，侃侃而谈心理健康的重要性，目的是说服校长为社团的杂志写序言。说服了校长之后,他又跑去了党委学工部,分管老师听说校长亲自为杂志写稿,点点头，幽幽地说了一句，“嗯，这次不把活动办好怕是不行了……”接着又问椰子先生需要多少预算。

椰子先生早就盘算过了，做一整场系列活动，3000 块钱有点紧，4000 块钱不嫌多，然后一开口就报了 8000，语气还特诚恳。最终党委学工部给他批了 5000，语气中还带着抱歉，像是亏欠了他一样。所以说，谈判技巧很重要。

人一忙就很容易烦躁，那阵子鹿小姐和椰子先生的摩擦不断。他火气很旺，她常常咆哮，可烦躁的同时，那些不好的回忆也被抛到了九霄云外。累成狗的同时，两人也对未来充满着期待，期待能给出一份满意的答卷，期待能有一场完美的谢幕。

幸运的是，他们做到了。心理沙龙、心理电影赏析、心理剧演出、心理杂志、大型现场交流会……每一场活动都得以顺利推进。而最精彩的一幕发生在人潮拥挤的食堂门口，当时社团的几十号人列队表演了《相亲相爱的一家人》的手语歌，浩浩荡荡，手舞足蹈。

因为我们是一家人
相亲相爱的一家人
有缘才能相聚，有心才会珍惜
何必让满天乌云遮住眼睛
因为我们是一家人
相亲相爱的一家人
有福就该同享，有难必然同当
用相知相守换地久天长

“地久天长”的余音划过天际，椰子先生突然从队列中冲了出去，给鹿小姐来一个“公主抱”。当时正是午餐时间，人来人往，当这一幕上演时，众人像锅里的饺子，一下子就沸腾了……

椰子先生和鹿小姐的谢幕近乎完美，心理协会以第二名的成绩，首次入选了“校十佳社团”。

谢幕的晚会，椰子先生抱着吉他和学弟木木浅唱了一首光良的《童话》，鹿小姐看着舞台上的他，眼神中闪烁着光芒。

不知不觉已迎来了暑假，即将升入大四的他们，仿佛是即将走到人生的十字路口，不知前方会是一马平川，还是穷山恶水，茫茫然手足无措。鹿小姐想写点什么，却匮乏地不知道该怎样记录自己的心情：

总觉得自己其实还没勇敢到能真正面对生活。
关于将来，关于爱情，心中有很多想法，却不知道什么才是自己真正想要的，不知道什么才是自己应该做的。从刚进大学的雄心壮志到如今的茫然失措，真不好意思说自己成长了。

大学三年，觉得自己抉择了很多次，坎坎坷坷。不同的心境，不同的态度，一度以为自己收获很多，即便再多的痛，那也是成长的代价。可现在不免后悔，其实成长有很多种方式，选择残酷的方式，失去了那么多，其实并不值得。

希望自己以后能平和地面对生活。轰轰烈烈、刻骨铭心虽然痛快，却也代价惨痛。大喜大悲不是幸福，或许平平淡淡才是福吧。

女生年轻的时候大多想要轰轰烈烈的爱，仿佛不曾燃烧过，就白活了青春一场。直到分手后看着累累伤痕，就会期待遇到一个好人，给她一份平淡安定的爱。只是真的遇到了好人，又会开始怀疑，太过平淡的究竟是不是爱情，于是她会提出更多的要求来证明这份爱……直到很多年后的某一天，经历了百转千回后，她终于在夜深人静时发出一声叹息：两个人相处，不累最重要。只是到了那一天，那个好人还在她身边吗？

### 5. 嫌弃是进步的阶梯

张小娴说，忘记一个人最好的方法是时间和新欢。如果不能忘记，那是因为时间不够长，新欢不够好。尽管鹿小姐有过摇摆，有过迟疑，可心底里终究还是有所期待。在时间的缝隙中，椰子先生一点一点填补着她心中的缺口。

可是，要忘记旧爱，光靠时间和新欢就够了吗？

不够。因为记忆中的人依旧沉在你心底，偶尔夜深人静时，瞬间汹涌的情绪会将他推回到记忆的沙滩上，再一次出现在你的意识里。所以说，要想彻底放下前任，还需要最后一个步骤……

一年后的 5 月，椰子先生因为一次车祸搬出了宿舍，在宾馆租了一个房间安静休养。毕业前夕，鹿小姐去参加了班级的“散伙饭”，那天椰子先生等了她好久，都不见她回来。更让人担心的是电话也联系不上，他只好试着联系了她的同学和闺密。

闺密支支吾吾，语气含糊。椰子先生一再追问，才得知鹿小姐聚餐时情绪失控，不能自已。

“到底是什么情况？”椰子先生呼吸渐渐急促，语气越加严肃，闺密终于不再隐瞒。

吃“散伙饭”时，不少人喝高了，离别的情绪在酒精的催化下渐渐弥漫开来。有人坐在地上抱头痛哭，有人赖在马路中央怎么也拉不起来，还有人举着酒杯大声表白……杨先生——鹿小姐的前任——尽管留了级，但毕竟是曾经的同班同学，也参加了聚餐。时隔两年，再见面时，鹿小姐已今非昔比，杨先生心生懊悔，对她说出了“对不起”。

曾经，她等待了好久，始终没有等到这句“对不起”，事到如今，物是人非，说着这样的话，又有什么意义？

可这句“对不起”，还是击溃了她的情绪，鹿小姐哭得不能自已。杨先生伺机走上前去，抱了她，甚至提出要她晚上留下。

…………

地铁口，风呼啦啦地吹，椰子先生站得像根柱子一样。鹿小姐脱下了自己的外套，披在了椰子先生身上，温柔地对他说了一句：“别感冒了。”

椰子先生依旧怔怔地站着。

…………

“听说他今天抱了你？”椰子先生的心里，一半是生气，一半是失望。

恋爱一年半，那些早该烂在记忆里的人和事，居然死而复生，又出现在了他们的生活里。此刻，地铁口不合时宜地响起了品冠的《我以为》。

我以为我的温柔
能给你整个宇宙
我以为我能全力
填满你感情的缺口
专心陪在你左右
弥补他一切的错
也许我太过天真
以为奇迹会发生

“我是真的很喜欢你的。”鹿小姐一字一顿，说着说着，红了眼眶。停顿了一会儿，她继续对他说：

“他今天和我说了对不起，过去发生的那些事，压抑的那些情绪，一下子就涌上来了，我当时真的没忍住，就哭了。不是因为我还喜欢他，而是过去没了结的事，没完成的心理历程，终于有了一个结束。后来他还想让我留下来陪他，我当时很本能地摇了摇头，那个时候我已经很明确自己喜欢的是你。而且，那一刻我也彻底看清了他的为人，我很庆幸自己和他分了手，所以我整理好情绪，马上就过来找你了。”

深深地叹了一口气后，椰子先生脱下了鹿小姐给他的外套，重新为她披上，然后搂着她的腰，一路无言，回到了宾馆。

“你别生气了，好不好？”

“我可以理解你，但我心里就是会不舒服。”

鹿小姐紧紧抱着椰子先生，把头埋进了他的胸口。

“我好想钻进你的身体里。”

他把她抱在怀里。

…………

两人相拥，过了好久，椰子先生对她说：

“你记不记得，你曾对我说过，你最喜欢的那句歌词。”

“我希望永远学不会坚强（《如果爱下去》）。”

“那时候我就在心里默默地说，从此以后你不用再坚强。”

鹿小姐趴在他的身上，抽搐着肩膀，泣不成声。

…………

人生有两样东西“最好”——得不到的和已失去的。

得不到的人，看到了还是想拥有；

已失去的人，回忆时还是会惦记。

是因为爱吗？

并不是，这只是本能。

放下一个人最好的办法是什么？

是嫌弃。唯有嫌弃才能让你不再惦记。

就好像男朋友给你拍了一张照片，你满心期待着自己美美的模样，可拿起屏幕一看，差点没吐出一口血：天啊，怎么把我拍得那么丑！于是你毫不犹豫地删掉了它。

人心有时候就像手机，被垃圾占用了太多空间就会容量不足，把垃圾清一清，然后才能继续拍摄美美的照片，做一个活在“PS”里的人，感情也是。

当你有了帅气的新欢，偶遇曾经的男神抠脚、挖鼻屎的样子，你心生嫌弃，于是扪心自问，以前怎么就瞎了眼了，然后一下子就放下了。

回到标题，彻底放下前任，需要几步走？

第一步，你需要一些时间来缓和那剧烈的痛；

第二步，你需要一个新欢来陪你治疗心里的伤；

第三步，你需要一个契机来嫌弃曾经刺痛你的人。

如果你想彻底放下前任，请跟我走，1——2——3——，挥挥手，从此不回头。

# 向左走，向右走，毕业了我们不分手

大三那年，椰子先生牵了鹿小姐的手，他像一条安静的河流，悄无声息地走进了她的生命。只是毕业即将来临，未来充满了太多的不确定……

## 1. 我们都很努力，不让现在的一切只变成回忆

2007年夏，大四，求职季。椰子先生从市郊的九龙湖校区搬去了市中心的四牌楼校区，而鹿小姐依然停留在九龙湖的田野。

彼时，各大公司的宣讲会地点，几乎就是东南大学和南京大学中的二选一，而这两所学校原本就是从“国立中央大学”中分离出来的，步行约10分钟的距离。鹿小姐常常坐着校车来到四牌楼校区，然后和椰子先生一起行走于“东大”和“南大”之间，奔波在一场又一场宣讲会之间。

在一次又一次的求职竞争中，椰子先生和鹿小姐发现了一个很

有趣的现象——“东大”学子和“南大”学子的风格截然不同。当“南大”学子慷慨激昂、指点江山时，“东大”学子清一色地散发着低调严谨的气场。前者很自信，但可能自信得有点不着边际；后者很靠谱，但过于靠谱等同于了然无趣。由此可见，不同的校园文化，确实对人有着耳濡目染的影响。椰子先生和鹿小姐既有着工科生的严谨，又有了社团工作的历练，他们对彼此充满信心。

求职面临的一个最重要的问题，是未来的工作地点。暑假时，鹿小姐的爸爸曾告诫过她，不要为了感情放弃自己长远的发展，鹿小姐把它记在了心里。

椰子先生突然很真诚地对她说：“我们两个好好走下去，好不好？”鹿小姐的表情有了微妙的变化，从迟疑到郑重，然后点点头，认真地说出一句“好”，如同婚礼上的人说“Yes，I do！”。

毕业季会有很多的动荡，而椰子先生的态度，就像给她吃了一颗定心丸。他们把未来的工作地点圈定在了“江浙沪”，当晚，鹿小姐把头像换成了幸福小女人的模样。

很幸福，很幸福，真的，终于能够很放心地接受一个人，相信会一直幸福下去。

所有的痛和伤害终于都可以不再想起，可以对着之前的那些说谢谢。终于学会了如何去爱，知道了什么是真正的幸福。

所有的伤痛都已过去，我可以好好地去爱了。

如今，我们都很努力，努力找工作，努力创造未来，不让现在的一切只变成回忆。

忙碌充实的生活一天天地过，在一轮轮的网申、笔试和面试后，鹿小姐在 2007 年的 12 月，拿到了一家上海公司的 Offer。对方是在线旅游业的行业老大，岗位是她心仪的管理培训生。而彼时椰子先生也拿到了满意的 Offer，只是地点在江苏，于是两人继续尝试着寻找更好的机会。

## 2. 有我在，我会陪你变得勇敢

2008 年的元旦，节日的喜庆中夹杂着毕业的伤感。鹿小姐回想起开学初时，室友总是说要毕业了，要毕业了，大家都会笑笑说：“傻丫头，还有一年呢。”可真过了元旦，又不免伤感起来。大四的课很少，找工作很忙，总想着大家都在“江浙沪”一带，其实并没有分开，可真到了工作安定下来，才想起来，很多人，以后怕是见不了几次了。

椰子先生和鹿小姐一直讨论着未来，虽然还有一些时间可以寻找更好的机会，但两人异地的可能性不小。鹿小姐掩饰不住自己的忧虑，椰子先生倒显得信心满满，在他看来，即便刚毕业的时候会异地，只要两人同心，将来一定可以从“校园”走向“婚礼”，而暂时的分离，也是为了积攒实力去换取更长远的未来。

元旦的夜晚，鹿小姐记录了自己的心情：

> 下学期就要去上海实习了，虽然最后还会回来做毕业设计，可总觉得自己其实是要走了，很舍不得。以为还能忽视的离别，就这样到了眼前。

怕自己会变，怕再有那种刚上大学时空荡荡的感觉……

这两天一直在和他讨论未来，想着什么时候结婚，可未知的生活，让我害怕。我很怕自己再失去，怕现实太残忍。

2008 年，新的人生开始，我要让自己变得勇敢！

“有我在，我会陪你变得勇敢。”她看到了他的留言，暖暖的，勇气一点一点在心底盛开。

### 3. 一场车祸

大四下，鹿小姐去了上海实习，而椰子先生留在实验室焊电路板，写代码，做毕业设计，两人开启了异地恋的“演习”。

2008 年，智能手机还没有兴起，12306 也没有诞生，五一还是 7 天的长假，椰子先生去火车站为鹿小姐购买火车票，不料却遭遇了一场车祸。他只记得车祸现场是在十字路口的斑马线上，走着走着，他迷迷糊糊地走入了一片梦境，梦境中有人呼喊他的名字。等他缓缓地睁开眼，自己已经躺在医院。

“我在哪？”

“这里是医院。”

“我怎么会在医院？”

“你被车子撞了。”

“我怎么会被车子撞了？”

“你出门去买火车票了。”

“那我车票买到了没？”

“在你口袋里。”

…………

几分钟后。

“我在哪？”

“这里是医院。”

“我怎么会在医院？”

“你被车子撞了。”

“我怎么会被车子撞了？”

“你出门去买火车票了。”

“那我车票买到了没？”

“在你口袋里。”

…………

同样的对话重复了几轮，同学们中已有人慌了神，一个劲地说：“完了完了，这下撞得不轻，不会变傻子吧？”幸运的是，诊断结果不算严重——轻微脑震荡，只需静养一些时日，慢慢便会恢复。

鹿小姐听说椰子先生出了车祸，匆忙从上海回到南京，日夜陪护。

平时里，总是椰子先生宠着鹿小姐，趁着住院，他也享受了一次“特权”。

“我想吃苹果。”

鹿小姐拿出苹果，削了皮，递给椰子先生。

“太大了，削成小块小块的吧。”

鹿小姐拿着苹果，削下一小块送到他嘴里。

几次之后，站在一旁的老哥看不下去了，给了椰子先生一个嫌弃的白眼。椰子先生也不好意思再放肆，自己接过苹果，大口大口地啃个干净。

住院的那些日子，鹿小姐会和椰子先生玩简单的算数游戏，以此来测试椰子先生的智商有没有问题。

椰子先生恢复的速度挺快，这从他和医生的对话中可以表现出来。一位年轻的医生身着白大褂，把椰子先生喊去填写表格，椰子先生便向他索要手中的笔。

“你作为一名学生，都不随身带笔？”（彼时智能手机并没有兴起）

“我在学校的时候当然带笔，可我现在是在医院，好吗？请问你作为一名医生，回家了以后还穿白大褂吗？”

医院无言以对。

椰子先生上前拿走了他的笔，三下五除二填好了表格，又重新躺回病床。

状态一天天好转，这下轮到了鹿小姐放肆。她乘着夜深人静时，钻到他的病床上，和他挤在一起，然后第二天被查房的护士呵斥。

在医生的建议下，椰子先生办理了出院手续。只是医生嘱咐他还需静养一些时日，家人便在学校附近的宾馆租下了一个房间，由鹿小姐负责照顾。

大脑受伤的人会有嗜睡的症状，椰子先生大多数时间都在睡觉，醒了就写一会儿论文，坚持不了多久又得躺回去睡觉，就这样断断续续，椰子先生以“挤牙膏”的方式完成了自己的毕业论文。

## 4. 向左走，向右走

椰子先生和鹿小姐顺利地毕业了，只是他还没来得及签订正式合同，对方公司以不能按时报到为由，提议解除三方协议。在家人的反复劝说下，椰子先生回到了老家杭州休养。

2 个月后，椰子先生已经康复，只是各大公司早已结束了应届生的招聘，而社会招聘又要求有工作经验，他只得无奈地在人才市场兜兜转转，常常被人冷眼相看。唯一对他热情的，是那些英语和编程的培训机构。最终，他在一筐烂桃子里挑了一个不那么烂的——一家中关村高新技术企业在杭州的办事处，可岗位其实是销售。

公司以锻炼新员工的名义，让刚入职的“小鲜肉”们先去物流部门轮岗，其实真正的工作是清点和搬运货物。第二个月，新人都被分配到了百脑汇和数码港的各大门店。在那个成功学还火热的年代，“大师”们叫嚣着 CEO 大多出自销售，公司提供的培养方案也是“一脉相承”，忽悠“小鲜肉”们努力地从店员做起，表现优秀的可以升职为店长，表现优秀的店长又可以升职成为业务经理，优秀的业务经理又可以提拔为区域经理……

椰子先生白天在旗舰店站柜台，晚上参加各类会议和培训，却只拿着 2000 块钱的月薪。即便如此，他依然在力所能及的范围内做好他自己，也会对未来充满期待。

销售的世界，一方面讲的是道德、诚信和社会责任，另一方面又是以业绩为准的。尽管会有天花乱坠的包装，嘴上说着“只卖对的，不卖贵的”，行动却很诚实——不遗余力地忽悠顾客去买最贵的。

毕竟，一切都是为了冲销量。椰子先生性格耿直，总想给顾客推荐最合适的，所以他的销量总是排不到第一。但他常常能赢得顾客的信任，保持销量前三还是没问题。第三个月时，他被选为其中一家门店的店长。

鹿小姐则完全奋斗在另一片天地。作为纳斯达克上市公司的管理培训生，她每天接受的是公司高管和各部门总监的培训分享，学习行业的专业知识，熟悉公司运作的各个环节，期待着公司安排的轮岗实习。每两个星期，鹿小姐会从上海来到杭州，或是待在椰子先生家里，或是跑来店里。

我们俩都开始忙了，他每天工作 11 个小时，比我还辛苦。晚上回家，我们就上会儿 QQ，聊聊彼此的工作，相互交流。以前空下来还会玩玩游戏，现在根本就没时间。当然，他也没精力了。

如今，他是工作日调休，而我是周末双休，时间不一致，很辛苦，也很无奈……

从过去到现在，有过少不更事时的冲动和计较，有过奋不顾身的飞蛾扑火，直到现在，才能真正平和宁静。如今的我，已不会，也没那些精力去成天争吵，争论一些不必要计较的问题，已经学会了容忍。虽然是女孩子，也不会像以前那样蛮不讲理，脾气火爆了。

有句话叫，珍惜眼前人。生活总有很多变故，希望有些东西不要因为时间而变得陌生！

总之，愿一切顺利。

To everybody！

## 5. 抓紧他，不要放手，和他走下去

一家国企对椰子先生伸出了橄榄枝，收入超过原先的两倍，也能有更多的休息日。并没有太多的犹豫，椰子先生便跳槽去了国企。毕竟，异地恋，陪伴时间太少，就多了困扰。就在不久前，有男生对鹿小姐说，他可以更好地照顾她。鹿小姐给椰子先生发了一条长长的信息，向他坦白了全部：

前一段时间有些挣扎和恐慌，害怕距离，害怕我们之间会变得不可逾越。很痛苦，很痛苦过。昨晚因为无意中看了一些恐怖的东西，害怕到失眠，然后给你发了信息。

你对我说："想想我们怎么在一起的吧。"

我开始回忆，从第一眼见到你时，你黄色清冷的身影；到校园中偶遇时，你生疏的招呼。想起来很淡，很宁静。想起第一次被你撞到我在食堂为了前任哭泣；想起黑暗中听着悲伤的音乐，突然伏在你肩上哭得不能自已；想起我告诉过你，除了前任之外，我没有在别的男孩子面前这么哭过……然后，慢慢地就感觉到你若有若无的关心。回想起来，这些都是温馨的记忆。

再后来，就是我对你的伤害。我在你面前无数次提起

他，在你背着我在操场艰难地前进时，在你和我一起走在校园的角角落落时，在我们一起在教室自习时。

总是看到你淡淡的，什么也不说。

我知道我很残忍，残忍到明知对你是伤害，却还是控制不了自己一直说，一直说。想起这些，心里都是痛。

再后来，慢慢地发现你的纯粹，你的可爱，慢慢地逼着自己不要再去提他，慢慢地发现自己已不再爱他了……

昨天，有人说可以更好地照顾我，我愣住了，但我也想明白了——已经不可能会有人能像你这样对我好了。

我真的害怕过，而且现在也在害怕，害怕有一天，我们会被时间和距离打败。

我总说自己不够爱你，在我不坚定时，在我害怕时。

只是，其实我想，我应该，我肯定，自己已经是很爱你了。我希望我们能够在一起。我想要嫁给你。

也许，结婚不会是近期能实现的，但也不会太远。我也希望所有和我们一样漂泊的恋人，都能忘记过去的种种不快，好好珍惜眼前人。抓紧他，不要放手，和他走下去。

## 6. 守护一个人，就像拥抱着阳光

换了新的工作，椰子先生和鹿小姐有了更多的相处时间。有时他去上海看她，有时她来杭州找他，两人保持着两周聚一次的频率。回想毕业季的前前后后，有过坎坷，有过意外，于是他向左，她向右，走向了不同的方向，路过了不同的风景，可谁也没有放手。椰子先生和鹿小姐都很努力，想要一直走下去。

2009 年的情人节，椰子先生和鹿小姐在杭州过节。西湖边，他们走进了一家西餐厅，不曾想，人满为患。刚点了一份情侣套餐，餐厅却不合时宜地响起了《可惜不是你》。鹿小姐对着墙角的扬声器皱眉瞪眼：

“你说，这么好的日子，怎么放这种歌呢，他们到底还想不想做生意？！”

椰子先生笑着对服务员说：“美女，麻烦把这首歌换成《至少还有你》，可以吗？”

服务员心领神会地报以微笑，不多久，音乐重新响起。

如果全世界我也可以放弃
至少还有你
值得我去珍惜
而你在这里
就是生命的奇迹

也许全世界我也可以忘记
就是不愿意
失去你的消息
你掌心的痣
我总记得在哪里
在哪里

主食、沙拉、甜品通通上齐，盘子都被一扫而空，唯独应该最先上桌的饮料还没有上。椰子先生和鹿小姐正纳闷呢，只听服务员对着隔壁桌的顾客说：“不好意思喔，今天人太多，盘子已经用完了，现在还在洗，请再耐心等待一下好吗？”椰子先生恍然大悟。

“我知道为什么我们的饮料一直没有上了。”他顿了顿继续说：“他们肯定是没有杯子了！”

鹿小姐笑得不能自已。

走出餐厅，椰子先生带着鹿小姐去了游戏厅，因为她曾说过，小时候很羡慕别人家的孩子去游戏厅打游戏，可惜自己却从来没有去过……椰子先生了解她破碎的童年，他想弥补她那些迟到的光阴。

夜里，鹿小姐按捺不住地在记录了自己的心情：

用心去感受生活，去铭记自己生活中每一个快乐，让自己变得温暖，才会有更美好的生活。

情人节他要加班，于是我去了杭州，等他下班后一起庆祝我们的节日，有了很多快乐的瞬间：

吃饭时，餐馆里放着悲伤的情歌，让人无奈，还好他很机智，马上让服务员换了温馨的歌。

餐厅服务员回答客人说没有盘子了，他说我知道为什么我们的饮料一直没有上，因为她们也没有杯子了，笑死我了。

过马路时很开心地跑过去，把他丢在后面，等他小跑过来的时候再一把挽着他，很安心。

公交车进站时，一大帮子人涌过来，都很雀跃的样子。

情人节的杭州堵车堵得超厉害，很无奈地提前一站下了公交车，然后在人海中走去游戏厅。

游戏厅里开车赢了，把灯全点亮了，拿了好多券，然后听到柜台说礼品兑换已经结束。

恩，故事就这么多。

以后要开开心心地生活。

椰子先生想起了她灿烂的笑脸，不知不觉，自己也灿烂了起来——原来守护一个人，就像拥抱着阳光，她灿烂的笑脸，是你最温暖的幸福。

## 异地恋就像烧开水，你得不停地加柴火

椰子先生和鹿小姐是一对校园情侣。毕业后，他去了杭州，她去了上海，开始了一段漫长的异地恋。

异地恋就像烧开水，相聚时，热情沸腾了感情，可离开后，难过了不能拥抱，生病了没人照顾，温度渐渐退去，直到下次相聚，感情再度升温，然后再离开，温度又会退去。

### 1. 无所适从

鹿小姐是公司的管理培训生，培训期结束，她主动申请去了人力资源部。可人力资源部的工作并不是她最初想象的那样，因为牵涉到的利益和保密事项很多，人事关系十分微妙，有很多不能说的，有很多不得不说但也只能点到为止的，而鹿小姐却是个风风火火的直肠子，才刚转岗不久，就和老员工闹了矛盾。

某部门主管申请使用公司的班车，鹿小姐安排妥当，一切就绪，

对方却因变更了计划而没了踪影。鹿小姐生气的是他没有及时告知，气势汹汹地杀了过去："车子安排给你了，别的部门向我要班车我没给，如果计划变更的时候你能够及时告诉我，班车完全可以安排给他们，你这是在浪费公司的资源！"

鹿小姐一脸正义感，可对方作为一名部门主管，被入职不久的新人劈头盖脸指责了一番，气得脸都绿了，还没法发作，于是不久后消息就传到了鹿小姐领导的耳朵里。

领导语重心长地说："你是人力资源部的人，说话要注意分寸。"鹿小姐点点头，心里却憋着一肚子火气。

男人关注地位权力，于是有男人的地方就有了政治；女人敏感于人和人之间的关系，于是有女人的地方就有了后宫。人力资源部大多是女人，今天我和你关系好一点，她不高兴了；明天我和她关系走近了一点，你又不高兴了。直来直往的鹿小姐，一时适应不了这样的关系。

工作难适应，生活也会乱了节奏，一团糟的时候，鹿小姐会对椰子先生抱怨：

"关系太复杂，我都不想干了。可为了生存，又不得不继续干。但我觉得自己是在为了生存而工作，这不是我想要的生活。"

"先生存，再生活，我们一起努力吧。"

"可当我忙完我的生存后，生活已经荡然无存了！为什么要活得那么憋屈呢？"

"大家刚毕业的时候都差不多吧，毕竟我们已经不是学生了，社会不会像学校一样庇护我们。"

“我现在有点无所适从，甚至都不知道是该高兴，还是该难过。”

“这样吧，我们一起把快乐的瞬间记录下来，不开心的时候就回过头来看一看，说不定心情就会明朗起来。”

“可是我只想你在我的身边，我只想难过的时候能够抱一抱你。”

周末，椰子先生去了上海，鹿小姐抱着他，心情也明朗起来。

## 2. 体制内和体制外，能不能好好谈恋爱

工作的第一年，也是“三观”不断被刷新的一年。

有人对鹿小姐说，体制内是深井，体制外是江湖，两人在完全不同的环境，时间久了会缺乏共同语言。鹿小姐焦躁不安。

椰子先生身在国企，每天守着一亩三分地，稳定却缺乏上升空间。因为体制内的人总是做甲方，财大气粗，被人捧着，不必经历太多大风大浪，自然也见不到那么多险峻风光。

鹿小姐的公司是在线旅游业的行业老大，早已在海外上市，发展空间很大。但人在江湖，身不由气，作为乙方，难免会遇见甲方刁难你、折腾你的时候，还得防范各路同行，险峻风光经历多了有时也会让人发慌。

而最让鹿小姐心慌的是，她和椰子先生所处的环境截然不同，就像是在硬币的两面，每天背对着背，又怎么能相互拥抱？

工作的压力，异地的不安，对未来的担忧，让鹿小姐开始厌倦起来。情绪一天一天地积累，直到一个失眠的深夜，她在自己的

QQ 状态里，写下了这样一句话：

“你真的认为没有共同语言不是什么大不了的事情吗？你真的认为，就像你说的，未来是美好的，我就可以什么都无所谓吗？可是我真的没有你那么乐观。”

“吵架了？好好聊聊吧，走到现在不容易。”学妹罐罐回复了她。

“不是生气吵架，是积压了很久的问题，我不知道该怎么办。”

“两个人不在同一个地方，见不到面，总是会出问题的。两人的身边有各自不同的人和事，你说你的，我说我的，其实根本不知道对方在说什么。时间长了，便会觉得那个人越来越陌生。或许，你们只是忘了彼此的样子。如果可以，尽量见面聊吧。”

“问题是，我们现在是异地。半个月才能见一面，聊完了，问题还在，而我们又分开了。”

“如果真的熬不住了，那只有两种方法，要么分手，要么结婚。”

“可是现在我们连立足都不能，又靠什么去结婚？如果不能马上结婚，难道就只能分手？”

“姐，我说错话了，你别当真……”

“如果生活是无奈的，是不是就该认命？”

“生活是你自己的，想想自己要的是什么。每天拿一点时间来放松，做自己想做的事，或者不做不想做的事，然后慢慢给自己一个答案。不要太忧虑，不要急着寻找答案。”

“有时候觉得生活不再是自己能够掌控的了，迫于无奈要做自己不想做的事，就开始觉得自己很窝囊，开始质疑自己的选择。有时候可以想明白，生活就是如此，你要学会适应，可最后发现自己真的不够现实，还是太爱做梦，不满足于现状。”

“强迫自己去喜欢，去适应，是一件很不愉快的事。真的不喜欢就不喜欢吧，做了也不一定要歌颂它，不是吗？”

“可是……”

“或许以后会改变想法，或许以后会出现可以选择的岔路，重要的是让当下过得自然一点儿，轻松一点儿，让心踏实，而不是和自己过不去。”

“我也想像你说的那样，但身处其中真的很难。”

“有时候放手很难，一定要有什么机会迫使你，你才会做。而拿起的时候又不够乐观，想改变又觉得疲惫和无力。后悔自己的选择吗？不，当时并不知道现在会这样，而现在也不知道将来会变成怎样。所以，试着换种心情来看吧，随心所欲一点儿，说不定走着走着，就豁然开朗了。或许以后的以后，回想起来，还会笑呢。不管怎样，鹿姐姐，我永远支持你！”

周末，椰子先生去了上海，他告诉她：“我在体制内，你在体制外，我知道这是你一直担心的。但我觉得，不管在体制内还是体制外，重要的是不能放弃自己的成长，以及给自己行走的力量。曾经你对我说，又有谁真的会把爱情当信仰？现在我告诉你，我确实是把爱情当信仰。所以我不会担心这个，担心那个，我觉得只要两个人的心在一起，就一定能够走下去。”

他语气平淡却又理所当然，但那句“把爱情当信仰”就像阳光，扫除了她心中的阴霾，让她豁然开朗。鹿小姐收拾一下情绪，写了下新的日志：

工作、成长的同时，让我忘记了怎样去生活。

看到美好的文字，却找不到合适的语言去表达自己的感想。

生活，原本应该有很多可以品尝的快乐，

有你，我更应有甜蜜的理由。

You can change me.Do you want to try？（你能改变我。你愿意试一下吗？）

从今天起，做个安静快乐的人。

不再无端地烦躁，

不再进行无意义的争论。

学会有规律地生活，听喜欢的歌，做喜欢的事，发现身边的美好，我也能闻到生活的味道。

## 3. 异地恋就像烧开水，你得不停地加柴火

有位种茶的朋友说，品茶大师喜欢用火炉烧水，因为柴火烧的水和电烧的水口感不一样。水的口感取决于溶解在水中的离子，如钙离子、镁离子、铁离子、氢离子（酸性）、氢氧根离子（碱性）、碳酸根离子等等。在加热方式和电磁场的影响下，溶解在水里的离子种类、数量不同，所以口感不同。

异地恋就像是用柴火烧开水，相聚时，热情沸腾了感情，可离开后，难过了不能拥抱，生病了没人照顾，温度会渐渐退去，直到

下次相聚，感情再度升温，然后再离开，温度又会退去。维持异地恋，很重要的一点，是维持好彼此的联系，就像烧水时你得不停地加柴火。

有朋友向椰子先生推荐了《剑侠情缘3》（一款网络游戏），椰子先生拉着鹿小姐一起来玩，从开元盛世到安史之乱，他们闯荡在一个虚拟的武侠世界。

椰子先生选择的门派是“天策”。天策号称“东都之狼”，身着铠甲，纵横驰骋于马上，而他的任务是守护——吸引BOSS火力，保护大家。椰子先生给自己的人物取名为“白马从风”，他觉得这名字帅气又拉风。

鹿小姐选择的门派是“七秀”。七秀是一个纯女性门派，招式华丽，操作简易。鹿小姐给自己的人物取名为“微微如斯”，主要任务是做好一名奶妈（加血的职业），只要椰子先生的天策不倒，鹿小姐便可安心地闯荡江湖。

相比于打怪升级，鹿小姐更热衷于采集游戏中的花花草草，制成各类药品；而椰子先生致力于四处采矿，收集了矿石之后打造成坚固的铠甲。

椰子先生带着鹿小姐，走过鸣沙山，路过万花谷，穿梭在“长安”“洛阳”的大街小巷，策马奔腾在盛世的大好河山。偶尔，他们也会去和“杜甫”对诗，和“李白”饮酒，和“孙思邈”学制药，和“颜真卿”学书法，感受中华的千年文化。

自从学会了轻功“扶摇直上”，游戏也多了一份意境，不仅能够在城中飞檐走壁，还能够跳跃到高山之巅。鹿小姐的操作技术自然是比不上椰子先生，她常常从光秃秃的石头上滑下来，运气不好的时候就会直接跌落山崖。看着微微如斯摔死过去，鹿小姐就冲椰子先生撒娇。于是白马从风下线，椰子先生登录了鹿小姐的账号，用“扶摇直上”一点一点跳上山顶，再让鹿小姐重新登录自己的账号，然后两人优哉游哉地在无人的山顶聊天，看风景。

游戏中有两大阵营——浩气盟和恶人谷，椰子先生原本是想加入恶人谷的，毕竟名门正派中总是少不了伪君子，相较之下，放荡不羁的恶人似乎更为有感觉。可在当时，只有浩气盟才能买到专属的白马当坐骑，为了帅气，椰子先生毫无原则地改变了立场，拉着鹿小姐一起加入了浩气盟。

有一次，椰子先生和鹿小姐在路边做任务，突然，一个红色名字的敌人杀了过来，将微微如斯击倒在地。鹿小姐还没反应过来，一匹白马闪过，击中了对方。紧接着，白马前腿一抬，将敌人踩在马下，接下来便是一轮毒打，敌人倒在了血泊之中。

鹿小姐这才反应过来，原来是遇到了“恶人谷”的玩家，想要将她击杀。一直乐于采集花花草草、与世无争的她，第一次经历江湖险恶，一时间难以接受，一遍遍地对椰子先生说，“为什么要杀我，为什么要杀我”，可委屈了。

椰子先生笑笑说：“这就是江湖啊。”

从此之后，微微如斯形影不离地跟着白马从风，只要有那匹白马在，鹿小姐就觉得安心。

为了更好地保护鹿小姐，椰子先生开始苦练PK技术，还加入了排名第二的帮会“南宫世家”。鹿小姐不在线的时候，他常常一个人在“洛阳”的城门口和人切磋技艺，还在帮会的比武大会中获得了冠军，鹿小姐为此兴奋了好久，出门也更觉得安全。

白天，椰子先生和鹿小姐各忙各的，晚上两人一起行走江湖，虚拟的世界成了他们日常生活的一部分。他们一边打游戏，一边视频，打到宝物的时候，她能看到他兴奋的神情；掉落山崖时，他能看到她委屈的表情；看风景的时候，他们会聊聊白天发生的事；下线之前，他们会给彼此一个“么么哒”；关掉游戏后，两人依然会回味一整晚的心情。

游戏的世界虽然虚幻，但体验却是实实在在。游戏让他们进入了同一个世界，放松了工作的压力，维持着彼此的默契，而最重要的是，他和她有了一个两年的约定。

多年以后，椰子先生走在大街上，偶然间听到了“万花谷”的音乐响起，恍惚间触动了记忆的开关，想起白马从风和微微如斯一起走过的晴昼海、落星湖，想起打败他们的不是异地，是现实。

## 爱情是不是前人栽树，后人乘凉？

椰子先生，慢性子，工科男。

鹿小姐，急脾气，工科女。

22 岁，大三，椰子先生牵了鹿小姐的手。

23 岁，毕业，他去了杭州，她去了上海。

25 岁，跳槽，她为了爱情来到了杭州。

恋爱的第 3 年，椰子先生和鹿小姐终于结束了两年的异地恋，一切都看似有条不紊，只待校服换婚纱。

### 1. 一步之遥

有人说，性格相似的人适合做朋友，性格互补的人适合一起终老，正巧椰子先生理性沉着、做事可靠，鹿小姐直率坦荡、果断高效。

鹿小姐来杭州的前一天，椰子先生跑遍了她公司周边的小区，查看了十几处房源，以至于房东都问他是不是伪装的中介。筛选出

plan A，plan B 两个方案后，椰子先生领着鹿小姐一起去实地查看，分析了两个选项的利弊。鹿小姐安心地听从了他的建议，这是他俩的默契。

椰子先生和鹿小姐有很多共同的爱好，他们喜欢同一类电影，喜欢同一款游戏，喜欢互相评论彼此身边的人和事，偶尔还会一起谈论天文物理。

有一次，鹿小姐带着椰子先生去新同事家聚餐，吃完饭，麻将上桌，同事们热情地教她打麻将，椰子先生在一旁观战。鹿小姐学得很快，手气也挺不错，几圈下来，还赢了 50 多块钱。同事们一起吹捧，把鹿小姐高兴得一愣一愣的，而默不作声的椰子先生却突然插了一嘴：

“第一次打麻将就赢钱，让你体会到了麻将的乐趣，我觉得这才是悲剧人生的开始。”

“……”

全场愣了两秒，然后就笑得更欢了。

临走时，同事对鹿小姐说：“你男朋友挺逗的。”

鹿小姐回应说：“他这是有内涵。”

如果说离 Soulmate（灵魂伴侣）还有一步之遥，那就是鹿小姐怪他爱得太含蓄，因为他很少对她说“我爱你”。

有些男生只做了 3 分，却敢说自己做了 7 分，甚至 10 分；有些男生默默做了 7 分，却啥也不说。椰子先生就属于后者。

椰子先生和鹿小姐漫步在月光下，走着走着，鹿小姐微微抬起头，轻轻地“哼”一声，椰子先生便心领神会地凑过去亲吻她的脸颊。

幸福染红了她的笑容，在月色下格外好看。椰子先生很享受这种心有灵犀的默契。

多年以后，他才明白，女生的爱，是少不了听觉的，而女生心里最喜欢的，是那种做满 10 分还能说成 12 分的。

## 2. 你是吃皇粮的啊，了不起

鹿小姐的妈妈老家在安徽，年轻时嫁到了江苏，眼见小情侣年龄不小，感情稳定，便提出要带椰子先生回安徽见见自家的姐妹。

虽然早有心理准备，可当椰子先生亲身体验真实的农村生活后，还是免不了吃了一惊。餐桌上积了黑色的污垢，烧开的水里会有一些浑浊，而最要命的是农村的旱厕。

旱厕建在农田之上，三面是砖，正面开一扇木门，狭小阴暗，走近了就会闻到排泄物的气味。椰子先生有一点小洁癖，比如回家的第一件事一定是洗手，而且必须要用洗手液；进了卧室要换全套衣服，如果要上床还得另换睡衣；吃饭时筷子不能平躺着放桌上，怕直接接触桌面会不卫生……

第一次进旱厕，椰子先生捂着鼻子仓促地完事后，便飞也似的逃了出来，只是他怕自己不经意流露出的表情会让氛围变得尴尬，脸上依然是淡淡的神情。

既来之，则安之。相处没多久，椰子先生发现农村的老人淳朴憨厚，他们为他留出了最干净的房间，床单被褥明显是新换上的，还一个劲地问他习不习惯。椰子先生明白，他们已经在力所能及的范围内照顾了自己的感受，于是每次都微笑着说："挺好的，挺好的。"老人的笑容像是松了一口气。

给家里的小孩分了红包，椰子先生便和鹿小姐一起去田里看油菜花，去河塘里摸鱼，吃现摘的蔬菜，一起在巨大的脚盆里泡脚。最初，鹿小姐有些顾虑，她知道椰子先生是个有洁癖的人，可没想到他竟轻而易举地融入了乡村生活。只是城乡之间的思维差异如同一道鸿沟，当村里的亲戚听说椰子先生在国企工作时，双眼竟冒出了绿光，啧啧赞叹道："小伙子，你是吃皇粮的啊，了不起！"

在椰子先生的意识里，"皇粮"这个词只存在于古装片里，没想到竟会和自己的生活搭上边。他微笑着回应，心里却升腾起几许无奈。一百年前，泰坦尼克号启航时，没有人想过豪华巨轮会触礁冰山而沉没，而对于椰子先生和鹿小姐而言，爱情的巨轮看似航行于风平浪静的海面，可两人事业上的差距却犹如海底暗藏的冰山。鹿小姐的职业发展前景很好，而椰子先生困于国企的一亩三分地，这是他和她有意无意间回避的话题。

### 3. 沉没的巨轮

每个人都逃脱不了原生家庭的影响，鹿小姐的爸妈离过婚，她成长在一个破碎的家庭，容易缺乏安全感。曾经她担心毕业了会分手，但他们一起度过了毕业季；曾经她担心他们会因异地而远离，但他们熬过了两年的异地恋；而眼下，她很怕未来的那个小家会因为两人事业上的差距而破碎。

在鹿小姐忧心忡忡的日子里，学弟木木曾对她说："像椰子先生这样的人，只要放在人群中，迟早是会发光的。"这句话就像一剂强心针，打消了她的疑虑。可是一年过去了，26 岁的鹿小姐再度跳槽去了互联网巨头公司，事业蒸蒸日上，而椰子先生依然看不到出头之日，她为此十分苦恼。鹿小姐问椰子先生："你真的会在人群中发光吗？"椰子先生唯有沉默。

回想毕业之初，椰子先生去上海看望鹿小姐，他俩紧紧挨着，一起捧着书在地铁上读英语。彼时，鹿小姐的领导三十四五岁，人很好，看到眼前的这对情侣，忍不住一遍又一遍感慨："好久没有见到过这么纯粹、这么美好的感情了。"可毕业 3 年后，他俩的生活水平依然填充着学生的色彩。

椰子先生的收入并不高，每月承担着房贷，余下的钱他会尽量多攒一点，以补贴结婚的开销。多年后回想起来，他很遗憾自己没能带给她好一点的生活，没能送她一些像样的礼物。感情的状态是由日常生活中的点点滴滴汇集起来的，活在当下远比活在未来更重要。那些日子，她和他一起吃小区门口的盖浇饭，一起挤在床上用笔记本电脑看电影，一起逛廉价的饰品店。鹿小姐回江苏时，也是他陪着她坐公交车到火车站，等她回来时，他早早地去接站，然后再一起坐公交车回家。即便如此，鹿小姐并没有什么怨言，直到 27 岁那年。

2012 年的情人节，鹿小姐的家庭发生了一些变故，她急匆匆地说要回家。椰子先生打算陪她一起去，鹿小姐拒绝了他：

"你去不方便，还是我一个人回去吧。"

“那我送你去火车站吧。”

“不用了，我同事开车送我去车站，等你过来再坐公交车过去就太晚了，让我自己去处理吧。”

他有点意外，之前无论从哪里来到哪里去，她都会缠着他，非要他接送，可这一次……或许是为了赶时间吧。

鹿小姐到家后，椰子先生又一次提出陪她一起去面对，她依然拒绝了他，还问他有没有认识的律师。

椰子先生有一个同学是浙大法学院的研究生，可是还没有毕业，也没有经验。椰子先生委托同学向导师咨询，可鹿小姐已经等不及了，经过了一番周折，她终于解决了家里的事。

回来的那天，椰子先生又一次提出去接站，可她依然坐了同事的车。回来的那天，鹿小姐并没有马上回家，而是由同事陪着她一起逛商场，买手机。

鹿小姐的同事是位三十出头的“大叔”，花名（鹿小姐的公司中每位员工都要取一个花名）“狼先生”。狼先生和椰子先生完全不是同一款，他有积蓄，有车子，有人脉，有故事，还有热情。

椰子先生情商不高，却也是一个聪明人，意识到了问题已无可回避，决定开口问个清楚：

“如果我一直发展不顺的话，你愿意和我一直走下去吗？”他很想要一个确定的回答。

鹿小姐迟疑了，片刻之后，艰难地说出了：“不——愿——意……”

“……”

一刹那，爱情的坚守轰然倒塌。

开口之前，椰子先生做了好久的心理建设，可亲耳听到了鹿小姐的回答后，还是瞬间失去了听觉。椰子先生满脑子都回荡着“不愿意”三个字，完全没有听见鹿小姐后面说了些什么。

对话并没有继续，他和她背对背躺了一夜。爱情来不及变老，在沉默中失去了依靠。

天色渐渐放亮，他呼喊了她的名字。

“嗯？”似乎她也是一夜未眠。

倒吸了一口气，椰子先生鼓起勇气对她说：“我们给彼此一点时间冷静一下，想一想，该怎么面对这段感情。”

“我不知道你在这个时间点和我说这句话是不是合适，但我觉得我们确实该好好想一想了。”

“那我们先分开一段时间吧。”

“好。”

他们约定，给彼此一个月的时间去考虑。

3 天后，椰子先生的事业又遭遇了一次重创，感情和事业的双重打击，让他陷入一种深深的无力感中。他给她发了短信，只是简单地叙述，但他多希望这个时候她能出现在他的面前。

“如果你扛不住的话，就来找我吧。”她回复。

“为什么你不过来呢？”他本来敲出了这几个字，可最后回复的却是：“不用的，我没事。”

失眠、焦虑、无力，可他还是倔强着他的倔强。

“我们分手吧。”两周后，他收到了她的短信，他清楚地记得那是凌晨3点。

“好，周末我们见面说说清楚吧。”约定的时间还没到，已然有了答案。

## 4. 分手日记

椰子先生和鹿小姐的分手很有仪式感，他们一起去了移动营业厅——她来杭州的前一天，椰子先生用自己的身份证为她申请了手机号。

办完了过户手续，鹿小姐故作轻松地问：“你说，我们像不像是在离婚？”

“嗯。”他语气平静，心如刀割。

“最后一次。”她轻车熟路地挽起他的胳膊。

走着走着，鹿小姐放开了她的手，对椰子先生说：“既然有人可以对我那么好，为什么我非要和你在一起？”

这是她刻意的逞强，还是真实的心意？椰子先生并不清楚。

临行时，鹿小姐塞给他一本日记，嘱咐他一定要回家后才能打开。这原本是一本爱情日记，日记有365页，主题是“尘埃落定”。她悄悄地买下了这本日记，本打算写满后作为生日礼物送给他，可没想到，最终却成了一本分手日记。

## 第一页

“我们彼此冷静一段时间！”

“好。”

时间是一把无情刻刀，改变了我们的模样。

5 年时间，一些应该改变的却都未改变。

改变的那些，只是让我们面目全非。

## 第二页

清清淡淡的一天，没人再管我抽不抽烟。

说好不联系，没人再叫我“傻傻”。

## 第三页

当我生病时，你不再是那个陪我在身边抱着我的你。

我不再是那个难过时跟你说“你过来吧”的那个我。

## 第四页

我已经放弃了继续的欲望。

爱情不需要冷静，冷静冷静就完蛋了。

## 第五页

我有多少想对你说的话？

是我的悲观，你的乐观，造就了今天这样的局面吗？

## 第六页

5 年前那个想要有一个家的女孩还是那个女孩。

差一点就要有的家，失之交臂！

## 第七页

你送我最好的礼物是，让我走出了过去，并且变得比过去更好。

## 第八页

“嗯，傻傻，下班了没？傻傻，吃饭了没？”

这是你以前常常对我说的话。

傻不傻？

其实一直都太傻！

## 第九页

我改变不了你，也不能让你接受那个一直想改变你的我。

## 第十页

生活究竟应该是什么样的？

一个温馨的家，一张舒适的床，一个你想要一直呵护、陪伴的人。

## 第十一页

我离你越来越远，你也越来越远。

为何我们未在最恰当的时候结婚？

也许生活会不一样。

但，或许这就是我们的故事该有的样子。

## 第十二页

曾经想，我们一起去完成这本日记。

一年过去，没有人和我一起写这本日记。

我曾经多高兴为你准备的这份礼物，

也开始收集过去的照片和记忆。

很抱歉，我未能兑现。

## 第十三页

一直以来，你是喜欢我，还是喜欢那个符合你期望的我？

## 第十四页

也许，所谓的分开一段时间，就是你选择说“分手”的一种委婉的方式？

## 第十五页

分开的日子，你有没有想过我？

第十六页

幸好你那儿基本没有我们一起的照片。

你也多少可以将我抹得更干净了吧。

第十七页

下定决心说出了那句话，生活真是一场闹剧。

第十八页

写不完这 365 页的心情，很抱歉。

这么短的时间，真是做不完本该用 1 年时间去做的事情。

日记的中间是大段的空白页，椰子先生还是一页页地往下翻，直到日记的最后两页。

## 第三百六十四页

我不知道你选择的时机好或不好，

你的选择也决定了我的选择。

祝你幸福！

## 最后一页

爱需要呵护，很抱歉我的肆意破坏。

Good bye !

眼泪落下，在日记上开出了一朵花。椰子先生想起几天前，鹿小姐对自己说，“如果你扛不住的话，就来找我吧”。如果那天去找她的话，结局会不会不一样？可生活没有如果，有的只是后果和结果。

### 5. 时光寄存铺

分手后，椰子先生一个人去了苏州，走过平江路的步行街，在“猫的天空之城”写过明信片，被苏州博物馆的淡雅所吸引。夜里，偶遇一家清吧，门口写着一行蓝色大字——如果声音不记得；下面是一行小字——时光寄存铺。他很喜欢这个名字。

进门，女主人招待着客人，男主人正抱着吉他，弹唱着张学友的那首《她来听我的演唱会》。

岁月在听我们唱无怨无悔，
在掌声里唱到自己流泪，
嘿……唱到自己流泪。

他有点不能自已，分不清是因为歌声，还是因为回忆。

记忆深处，有些事你不想触及，也不敢触及。你分不清是时间模糊了记忆，还是大脑扭曲了记忆；你分不清记忆中的事，哪些是真实的，哪些是扭曲的。你唯一确定真实的，是夜深人静时流过的泪。

### 6. 爱情是不是前人栽树，后人乘凉？

27 岁，原本就是人生最艰难的阶段，失去了学校的庇护，经历了人情世故，却又缺乏独自承担的能力。那些从校园走到二十六七岁的感情往往很纯粹，纯粹的总是美好。可爱情不能扎根于纯粹，太过纯粹只会盛开到了别的土壤。土壤中会有泥沙，人性中也会有短暂的动摇，所以需要彼此的包容和理解。所有的不离不弃，只是因为珍惜而已。

27 岁那年，狼先生可以开车接送鹿小姐，而椰子先生只能陪她坐公交车；狼先生能在她需要律师的时候能马上联系到专业人士，而椰子先生只能找读研的同学帮忙求助；狼先生懂得用热情去温暖她的内心，而椰子先生只会在她口渴时默默地端上一杯水。鹿小姐最终嫁给了狼先生。

分手后的那些年，椰子先生的事业渐渐有了起色，他还清了房贷，也买了车子；他的同学开始在各行各业扎根，他有了自己的人脉；他经历了两段不成功的恋爱，学会了体恤女生情绪里的忽明忽暗；直到 30 岁那年，椰子先生遇到了蘑菇小姐，这一次，轮到了她喊他“大叔”。

多年以后，鹿小姐读到了椰子先生写的一篇文章，标题是《女朋友那么作，到底要不要分手》，她问椰子先生：

“爱情是不是前人栽树，后人乘凉？”

椰子先生思考了一会儿，却还是不得不承认，尽管这听起来不免让人悲伤。

“我不后悔和你分手。”鹿小姐说。

椰子先生想说点什么，却无言以对。对话框里显示着“对方正在输入……”

某个周日的晚上，车子堵在了路上，久久不动。椰子先生把他和鹿小姐的对话告诉了蘑菇小姐，蘑菇小姐认真地点点头说：“爱情本来就是前人栽树，后人乘凉啊！”

蘑菇小姐大学时也曾经历过一段4年的感情，她教会了那个男生如何去爱，而如今，那个男生把温暖转移到了另一个女生身上。蘑菇小姐顿了顿，又继续说：

“鹿小姐把你栽成了大树，可狼先生也是别人栽起来的大树，而我也为另一个女生栽了大树。但我相信感情是守恒的，就像我最终遇到了你，你也遇到了我，用心去爱的人，早晚会遇到一个同样用心的人。”

说话间，前方的车子开始缓缓地往前挪动。

生活就像是在拥挤的城市里开车，走着走着，就遇到了突如其来的堵车，你无法继续向前，又被后车堵住了退路，你无奈地发现自己动弹不得。看不到未来又回不到过去的分分秒秒让人苦恼，可即便是再拥堵的路，不要烦躁，停下来等一等，终究还是能够走过这一程。生活也是一样。

愿有岁月可回首，愿有前程可奔赴，希望我们都能有一个好归宿。

# 后记

椰子先生就是我。

为什么叫椰子先生？因为《大话西游》里，紫霞仙子对至尊宝的心脏说："你长得好像椰子喔。"

鹿小姐离开的时候，我一度弄丢了自己的椰子。

一个人的过去成就了他的现在，从 22 岁到 30 岁，站在不同的阶段，对爱情会有不同的看法，对人性会有不同的理解，于是我写下自己青春的痕迹。这不是为了怀念故事中的人，而是对曾经付出的爱的总结，对曾经犯过的错的反省。

说实话，也曾失望过，因为失去的多了，难免会失望。可就像林夕说的那样："你不要失望，荡气回肠是为了最美的平凡。"

千回百转，我终究还是遇到了蘑菇小姐，她唤醒了我心中的椰子，让我重新相信了我曾经相信的：爱是每个人都有的本能，无论有过怎样的失望，只要遇到合适的土壤，爱就会在心中生长。

希望你也是一样。

**图书在版编目（CIP）数据**

我就喜欢这样的你 / 缓缓君著. -- 南京：江苏凤凰文艺出版社，2016
ISBN 978-7-5399-9559-5

Ⅰ.①我… Ⅱ.①缓… Ⅲ.①长篇小说 - 中国 - 当代 Ⅳ.①I247.5

中国版本图书馆CIP数据核字(2016)第180821号

**书　　名：我就喜欢这样的你**

---

**著　　者：**缓缓君　　**图书监制：**欧阳勇富
**图书策划：**周显亮　　**文字编辑：**孙　赫　李　娜
**责任编辑：**邹晓燕　黄孝阳　　**营销编辑：**张　敏
**装帧设计：**荆棘设计

---

**出版发行：**凤凰出版传媒股份有限公司
江苏凤凰文艺出版社
**出版社地址：**南京市中央路 165 号，邮编：210009
**出版社网址：**http://www.jswenyi.com
**发　　行：**北京时代华语图书股份有限公司　010-83670231
**经　　销：**凤凰出版传媒股份有限公司
**印　　刷：**北京中科印刷有限公司
**开　　本：**880 毫米 ×1230 毫米　1/32
**印　　张：**10
**字　　数：**213 千字
**版　　次：**2016 年 9 月第 1 版　2016 年 9 月第 1 次印刷
**标准书号：**ISBN 978-7-5399-9559-5
**定　　价：**36.00 元

---

（江苏文艺版图书凡印刷、装订错误可随时向承印厂调换）